Papst Franziskus
Ich wünsche dir ein Lächeln

PAPST FRANZISKUS

Ich wünsche dir ein Lächeln

Zur Freude zurückkehren

Aus dem Italienischen
von Elisabeth Liebl

Kösel

Diese Veröffentlichung wurde durch die
Literaturagentur Juliane Roderer vermittelt.
Titel der italienischen Originalausgabe: *Ti auguro il sorriso*
© FullDay srl, 2020
© Libreria Editrice Vaticana, 2020

Penguin Random House Verlagsgruppe FSC® N001967

Copyright © 2022 Kösel-Verlag, München,
in der Penguin Random House Verlagsgruppe GmbH,
Neumarkter Str. 28, 81673 München
Umschlag: zero-media.net, München
Umschlagmotiv: © Pressefoto ULMER/picture alliance
Satz: Vornehm Mediengestaltung GmbH, München
Druck und Bindung: Pustet, Regensburg
Printed in Germany
ISBN 978-3-466-37288-1
www.koesel.de

Inhalt

Vorweg

Versteckt eure Träume nicht!
Erstickt eure Träume nicht,
Gebt euren Träumen Raum
Und wagt es, den Blick auf den weiten Horizont zu richten.
Wagt es, den Blick auf das zu richten, was euch erwartet,
Wenn ihr den Mut habt, eure Träume
gemeinsam zu verwirklichen.

Wir sind im Leben immer unterwegs.
Und wir werden zu dem, worauf wir zugehen.
Lasst uns den Weg Gottes wählen, nicht den des Ich;
Den Weg des Ja, nicht den des Falls.
Dann werden wir entdecken, dass es
nichts Unerwartetes gibt,
Keinen Aufstieg,
Keine Nacht,
Die wir nicht mit Jesu Hilfe bewältigen können.

Vorwort

WAS ICH EUCH WÜNSCHE, lässt sich in einem Wort zusammenfassen: ein *Lächeln*.

Den Anstoß dazu habe ich aus einem der Länder mitgenommen, die ich 2019 besucht habe: Thailand. Es wird das Land des Lächelns genannt, weil seine Bewohner immer ein Lächeln auf den Lippen haben. Sie besitzen eine ganz eigene Liebenswürdigkeit und Großherzigkeit, die sich in ihren Gesichtern widerspiegelt und in ihrer ganzen Haltung. Diese Erfahrung hat mich tief beeindruckt. Seitdem ist ein Lächeln für mich Ausdruck jener Liebe und Zuneigung, die dem Menschen eigen sind.

Wenn wir ein Neugeborenes betrachten, lächeln wir es unwillkürlich an, und wenn das süße Gesichtchen ebenfalls mit einem Lächeln antwortet, sind wir tief bewegt. Das Kind reagiert auf unseren Blick, aber sein Lächeln ist viel »kraftvoller«, weil es neu ist und rein wie Quellwasser, sodass es in uns Erwachsenen eine vertraute Sehnsucht nach der Kindheit weckt.

Eben das geschah mit Maria, Josef und Jesus. Die Heilige Jungfrau und ihr Gemahl haben mit ihrer Liebe ein Lächeln auf die Lippen des neugeborenen Kindes gezaubert. Als dies geschah, wurde ihr Herz von einer neuen Freude erfüllt, die vom Himmel kam. Und der ärmliche Stall in Bethlehem füllte sich mit Licht.

Jesus ist das Lächeln Gottes. Er ist gekommen, um uns die Liebe und Güte des Vaters zu erweisen. Das geschah zum ersten Mal, als er seine Eltern anlächelte, wie jedes Neugeborene auf dieser Welt es tut. Und sie, die Jungfrau Maria und der Heilige Josef, haben die Botschaft verstanden, weil sie voll des Glaubens waren. Sie haben im Lächeln Jesu die Barmherzigkeit Gottes erkannt, die er für sie empfand und für alle, die auf sein Kommen warteten, auf die Ankunft des Messias, des Gottessohnes, des Königs von Israel.

Daher machen auch wir diese Erfahrung, wenn wir vor der Krippe stehen: Wir betrachten das Jesuskind und spüren, dass Gott uns anlächelt. Er lächelt allen zu, die arm sind, die das Heil erwarten, die auf eine brüderlichere Welt hoffen, in der es keinen Krieg und keine Gewalt mehr gibt, in der jeder Mann und jede Frau die ureigenste Würde als Sohn und Tochter Gottes leben kann.

Und doch ist es uns aus den verschiedensten Gründen manchmal unmöglich zu lächeln. Gerade dann brauchen wir das Lächeln Gottes: Jesus. Nur er kann uns helfen. Nur er ist der Heilsbringer, und das erfahren wir mitunter ganz konkret in unserem Leben.

Dann wieder läuft alles bestens, aber gerade in diesen Momenten besteht die Gefahr, dass wir uns zu sicher fühlen und jene Menschen vergessen, denen es nicht so gut geht. Auch dann brauchen wir das Lächeln Gottes, damit es uns befreit von den falschen Gewissheiten und uns zurückführt zum Geschmack am Einfachen und Unentgeltlichen.

Lasst uns also, meine Lieben, diesen Glückwunsch austauschen, der immer und überall gilt: Lassen wir uns vom Lächeln Gottes überraschen, das Jesus uns gebracht hat. Er selbst ist dieses Lächeln. Nehmen wir ihn in uns auf, lassen wir uns reinigen von ihm. Dann können wir auch den anderen ein demütiges und einfaches Lächeln schenken.

Tragt dieses Lächeln zu euren Lieben nach Hause, vor allem, wenn sie alt und krank sind: Sie sollen die Zärtlichkeit eures Lächelns spüren. Ein Streicheln. Lächeln bedeutet, jemanden zu liebkosen, mit dem Herzen, mit der Seele. Und so bleiben wir im Gebet vereint.*

---

* *Die folgenden Seiten sind ein Manifest: ein Manifest für die Renaissance einer neuen Zeit der Freude, die in diesen »kranken Zeiten« notwendiger ist denn je. Sie stehen für einen Weg, der uns über Grußbotschaften, Reden, Predigten, apostolische Schreiben und Enzykliken des Heiligen Vaters führt. Die bibliografischen Quellen finden Sie ab Seite 259.*

Wandlung und Erwachen
zu neuem Leben

Die Hoffnung trügt nie

DER OPTIMISMUS KANN TRÜGEN, die Hoffnung
nicht! Und Letztere brauchen wir so sehr in diesen Zeiten, die uns dunkel erscheinen, in denen wir irrewerden
am Bösen und an der Gewalt, die uns umgeben, irrewerden am Schmerz unzähliger Mitmenschen. Hoffnung tut not! Wir fühlen uns verwirrt und auch entmutigt, weil wir uns ohnmächtig glauben und scheinbar
kein Ende des Dunkels zu sehen ist.

Aber wir dürfen nicht zulassen, dass die Hoffnung
uns verlässt, denn Gott in seiner Liebe geht mit uns.
»Ich hoffe, weil Gott an meiner Seite ist«: Das dürfen
wir alle sagen.

Das geteilte Glück der Menschen

In dieser Welt, die ohne einen gemeinsamen Weg vorwärts taumelt, macht sich eine Atmosphäre breit, in der
die Distanz zwischen der Besessenheit vom eigenen
Wohlergehen und dem geteilten Glück der Menschen
immer größer zu werden scheint: Man fühlt sich versucht zu denken, dass sich zwischen dem Individuum
und der menschlichen Gemeinschaft mittlerweile ein
echtes Schisma auftut. Denn es ist eine Sache, sich zum
Zusammenleben gezwungen zu fühlen, eine vollkommen andere aber, den Reichtum und die Schönheit der

Samen des gemeinsamen Lebens zu schätzen, die wir suchen und gemeinsam kultivieren müssen. Die Technik macht unaufhaltsam Fortschritte, aber wie schön wäre es doch, wenn mit dem Zuwachs an wissenschaftlichen und technischen Innovationen auch eine größere soziale Gleichheit und Inklusion verbunden wäre! Wie schön wäre es doch, wenn wir nicht nur neue, ferne Planeten entdecken würden, sondern auch die Bedürfnisse der Brüder und Schwestern, die um uns herum sind!

Die Nächte unseres Lebens

Wir alle haben eine nächtliche Verabredung mit Gott, in der Nacht unseres Lebens, in den vielen tiefen Nächten unseres Daseins: dunkle Augenblicke, Momente der Sünde, Augenblicke der Verirrung. Eben da wartet unsere Verabredung mit Gott, seit jeher. Er wird uns überraschen in genau dem Augenblick, in dem wir ihn am wenigsten erwarten, wenn wir tatsächlich völlig allein sind. In dieser Nacht, in der wir gegen das Unbekannte ankämpfen, werden wir uns bewusst, dass wir nur arme Menschen sind – ja, arme Tröpfe, wie ich mir zu sagen erlaube. Aber genau in diesem Moment, in dem wir uns als »armer Tropf« fühlen, brauchen wir keine Angst zu haben: Denn in genau diesem Augenblick gibt Gott uns einen neuen Namen, der den Sinn unseres ganzen Lebens enthält. Er verwandelt unser Herz und schenkt uns jenen Segen, der denen vorbehalten ist, die sich von ihm verwandeln lassen. Das ist die wunderbare Einladung, uns von Gott verwandeln zu lassen. Er weiß, wie er das anzustellen hat, weil er jeden Einzelnen von uns kennt. »Herr, du kennst mich«, darf jeder von uns sagen. »Herr, du kennst mich. Wandle mich.«

Kommt alle zu mir!

Im Evangelium nach Matthäus gibt es eine Stelle, in der Jesus uns entgegengeht: »Kommt alle zu mir, die ihr euch plagt und schwere Lasten zu tragen habt. Ich werde euch Ruhe verschaffen!« (MT 11,28) Das Leben ist häufig ganz schön anstrengend, mitunter auch tragisch. Arbeit ist Anstrengung. Arbeit suchen ist Anstrengung. Und heutzutage Arbeit zu finden, kostet wirklich viel Kraft! Aber was uns im Leben am meisten belastet, ist nicht das: Es ist vielmehr die fehlende Liebe. Es ist bedrückend, kein Lächeln geschenkt zu bekommen, nirgendwo angenommen zu werden. Mitunter bedrückt uns ein gewisses Schweigen, das selbst in der Familie auftreten kann, zwischen Mann und Frau, zwischen Eltern und Kindern, zwischen Geschwistern. Ohne Liebe wird die Anstrengung immer belastender, ja unerträglich. Ich denke hier an die alten Menschen, die einsam sind, an die Familien, die es nicht schaffen, Angehörige, die besondere Bedürfnisse haben, zu Hause zu versorgen, weil sie keinerlei Hilfe erhalten. »Kommt zu mir, ihr, die ihr mühselig und beladen seid«, sagt Jesus.

Die schöne Seite des Teppichs

Die Liebe, die man gibt und die tätig ist, geht auch häufig in die Irre. In dieser Hinsicht ist interessant, was Maria Gabriella Perin zu berichten hat, die schon bei der Geburt zur vaterlosen Waise geworden war. Sie erzählt, wie dies ihr Leben beeinflusste in einer Beziehung, der keine Dauer beschieden war, die sie aber zur Mutter und jetzt zur Großmutter machte. »Ich weiß, dass Gott Geschichten ersinnt. In seiner Genialität und seiner Barmherzigkeit nimmt er unsere Triumphe und unser Versagen und spinnt daraus wunderschöne Teppiche voller Ironie. Die Rückseite dieses Teppichs kann chaotisch erscheinen, mit all den Fäden, die davon weghängen – den Ereignissen unseres Lebens. Und vielleicht ist dies die Seite, die uns nicht in Frieden lässt, wenn wir anfangen zu zweifeln. Aber die schöne Seite des Teppichs zeigt eine wundervolle Geschichte, und das ist die Seite, die Gott sieht.«

Mit all unseren Tagen

Er lebt! Das müssen wir uns immer wieder ins Gedächtnis rufen, weil wir Gefahr laufen, Jesus Christus nur als gutes Vorbild aus einer vergangenen Zeit zu sehen, als Erinnerung, als jemanden, der uns vor 2000 Jahren gerettet hat. Aber das würde uns nichts nützen, denn es ließe uns genauso, wie wir vorher waren. Es befreit uns nicht. Aber der, der uns mit seiner Gnade erfüllt, der uns befreit, der uns verwandelt, der uns heilt und tröstet – ist einer, der lebt. Es ist der auferstandene Christus, voller übernatürlicher Lebenskraft, umgeben vom grenzenlosen Licht. Aus diesem Grund sagt der Heilige Paulus: »Wenn also Christus nicht auferweckt worden ist, dann ist euer Glaube nutzlos.« (1 KOR 15,17)

Wenn er lebt, dann kann er wirklich in deinem Leben präsent sein, in jedem Augenblick, um es mit Licht zu erfüllen. Dann wirst du niemals Einsamkeit und Verlassenheit verspüren. Auch wenn alle fortgingen, wäre er immer noch da, wie er es versprochen hat: »Ich bin bei euch alle Tage, bis zum Ende der Welt.« (MT 28,20) Er erfüllt alles mit seiner unsichtbaren Präsenz, und wo immer du hingehst, wartet er bereits auf dich. Denn er ist nicht nur einmal gekommen, sondern er kommt jeden Tag und wird das weiter tun, um dich einzuladen, auf einen immer neuen Horizont zuzugehen.

Über die Grenzen des Bekannten hinaus

Gott ist immer ein Neues, das uns ständig anhält, uns in
Bewegung zu setzen, den Ort zu wechseln, um über das
Bekannte hinauszugehen, an den Rand, an die Grenzen.
Er führt uns dorthin, wo sich die am stärksten verwun-
dete Menschlichkeit befindet, wo die Menschen, hinter
der scheinbaren Oberflächlichkeit und Anpassungswil-
ligkeit, weiterhin nach einer Antwort auf die Frage nach
dem Sinn des Lebens suchen. Gott hat keine Angst! Er
hat keinerlei Angst! Er geht immer über unsere Absichten hinaus und fürchtet die Randzonen nicht. Er macht
sich selbst zur Randzone (PHIL 2,6–8; JOH 1,14). Daher
werden wir ihn finden, wenn wir wagen, an die Ränder
zu gehen: Dort wird er sein. Jesus geht uns voraus im
Herzen jenes Bruders, in seinem verwundeten Fleisch,
seinem bedrückten Leben, seiner umnachteten Seele. Er
ist schon dort.

Wo ist meine Hand?

Es gibt nur eine annehmbare und richtige Art, einen
Menschen von oben herab zu betrachten: um ihm aufzuhelfen. Wenn einer von uns – auch ich – einen Menschen verächtlich von oben herab ansieht, dann ist er
nicht viel wert. Aber wenn einer von uns einen Menschen von oben herab betrachtet, um ihm die Hand zu

reichen, damit er sich erheben kann, dann ist dies ein großartiger Mensch. Wenn ihr also einen Menschen von oben herab anseht, dann fragt euch immer: »Wo ist meine Hand? Versteckt sie sich oder streckt sie sich ihm entgegen, um ihm aufzuhelfen?« Und schon seid ihr glücklich.

Das bedeutet auch, dass wir eine Eigenschaft entwickeln müssen, die sehr wichtig ist, aber unterschätzt wird: die Fähigkeit, anderen Menschen Zeit zu widmen, ihnen zuzuhören, mit ihnen zu teilen, sie zu verstehen. Nur so können wir unsere Lebensgeschichten, unsere Wunden für eine Liebe öffnen, die uns verwandelt, und so beginnen, die Welt zu verändern, die uns umgibt. Wenn wir aber diese Gabe nicht schenken, wenn wir keine Zeit verlieren, wenn wir sogar »Zeit einsparen« wollen im Umgang mit den Menschen, werden wir diese Zeit an anderer Stelle verlieren und uns am Ende des Tages leer und ausgelaugt fühlen. In meinem Heimatland würde man sagen: »Man stopft uns voll, bis wir Verdauungsprobleme haben.«

Allein schaffen wir es nicht

In der fünften Seligpreisung heißt es: »Selig die Barmherzigen; denn sie werden Erbarmen finden.« (MT 5,7) Diese Seligpreisung hat eine Eigenheit: Sie ist die einzige, in der Ursache und Frucht zusammenfallen. Wer

Barmherzigkeit übt, wird Barmherzigkeit finden und seinerseits zu denen gehören, denen Barmherzigkeit zuteilwird. Diese Wechselseitigkeit des Verzeihens findet sich im Evangelium immer wieder. Wie sollte es auch anders sein? Die Barmherzigkeit ist das Herz Gottes!

Es gibt zwei Dinge, die sich nicht teilen lassen: die Vergebung, die man schenkt, und die Vergebung, die uns geschenkt wird. Dabei haben viele Menschen damit Schwierigkeiten und schaffen es nicht zu verzeihen. Manchmal ist das Böse, das uns widerfahren ist, so gewaltig, dass die Vergebung uns vorkommt wie ein sehr steiler Berg, den zu erklimmen von uns eine enorme Anstrengung erfordert. Und man denkt: Das geht nicht. Das geht einfach nicht. Doch die Wechselseitigkeit der Barmherzigkeit zeigt uns, dass wir die Perspektive ändern müssen. Allein schaffen wir das nicht, dazu braucht es die Gnade Gottes. Und um diese müssen wir bitten. Denn wenn uns die fünfte Seligsprechung verheißt, dass wir selbst Barmherzigkeit finden werden, und wenn wir im Vaterunser darum bitten, dass uns unsere Schuld vergeben werden möge, dann macht das doch deutlich, dass auch wir »Schuldiger« sind und angewiesen auf die Vergebung!

Das Gebet, das Bollwerk gegen das Böse

In unserem täglichen Leben erfahren wir immer wieder die Präsenz des Bösen: Das ist eine Alltagserfahrung. Die ersten Kapitel der Genesis beschreiben, wie sich die Sünde im Leben der Menschen immer weiter ausbreitet. Adam und Eva (GEN 3,1–7) zweifeln an den guten Absichten Gottes. Sie glauben, sie hätten es mit einer neidvollen Gottheit zu tun, die ihnen das Glück missgönnt. Daher die Rebellion. Aber dann erfahren sie genau das Gegenteil: Ihnen gingen die Augen auf, und sie entdeckten, dass sie nackt waren (VERS 7), ohne irgendetwas. Vergesst nicht: Der, der in Versuchung führt, ist ein schlechter Zahler, denn er löst seine Versprechen nicht ein.

Doch in diesen ersten Seiten der Bibel steht auch noch eine andere Geschichte geschrieben, die nicht sofort ins Auge fällt, weil sie bescheidener und demütiger ist. Hierbei geht es um die Erlösung durch die Hoffnung. Auch wenn fast alle sich grausam verhalten und Hass und Eroberung zum Motor der menschlichen Entwicklung machen, gibt es doch Menschen, die in der Lage sind, aufrichtig zu Gott zu beten und so das Schicksal des Menschen umzuschreiben.

Das Gebet ist das Bollwerk, die Zuflucht für den Menschen angesichts dieser Welle des Bösen, die in der Welt anschwillt. Und wenn wir genau hinsehen, beten wir auch, damit wir vor uns selbst gerettet werden. Es ist wichtig, dies ins Gebet aufzunehmen: »Herr, bitte, errette mich vor mir selbst, vor meinem Ehrgeiz, meinen Leidenschaften.« Die Betenden auf den ersten Seiten der Bibel sind Menschen, die den Frieden schaffen: Denn das Gebet befreit, wenn es authentisch ist, von den gewaltsamen Instinkten. Es ist der Blick, der sich auf Gott richtet, damit er sich um das Herz des Menschen kümmert. Und so heißt es im Katechismus: »Diese Art des Gebetes wird von vielen Gerechten aller Religionen gepflegt.« Das Gebet schafft fruchtbare Erde selbst an Orten, an denen der Hass des Menschen bislang nur Wüste hervorbrachte. Und das Gebet ist mächtig, denn es zieht die Macht Gottes an, und die Macht Gottes schenkt Leben: immer. Er ist der Gott des Lebens, durch ihn werden wir neugeboren.

Ein Anker der Hoffnung

Hiob befand sich im Dunkeln. Er stand wahrhaft an der Schwelle des Todes. Und in diesem Augenblick der Angst, des Schmerzes und des Leidens, beschwört er die Hoffnung: »Doch ich, ich weiß, mein Erlöser lebt, als Letzter erhebt er sich über dem Staub. Ihn selber werde ich dann für mich schauen, meine Augen werden ihn sehen, und nicht mehr fremd.« (HIOB 19,25; 19,27)

Ein Friedhof ist etwas Trauriges. Er erinnert uns an unsere Lieben, die von uns gegangen sind, aber auch an die Zukunft, die uns erwartet: den Tod. Aber in diese Traurigkeit bringen wir Blumen, als Zeichen der Hoffnung, auch des Festes, dies aber erst später. Und in die Trauer mischt sich Hoffnung. Das spüren wir alle, wenn wir vor den sterblichen Überresten unserer Lieben stehen: die Erinnerung und die Hoffnung. Wir fühlen, dass diese Hoffnung uns hilft, denn eines Tages müssen auch wir diesen Weg gehen. Früher oder später, aber alle. Mit mehr oder weniger Schmerz, aber alle. Aber mit der Blume der Hoffnung, der Hoffnung auf die Auferstehung, mit jenem starken Band, das im Jenseits verankert ist. Und dieser Anker enttäuscht uns nicht. Der Erste, der diesen Weg gegangen ist, war Jesus. Wir beschreiten den Weg, den er uns gebahnt hat. »Doch ich, ich weiß, mein Erlöser lebt, als Letzter erhebt er sich über dem Staub. Ihn selber werde ich dann für mich schauen, meine Augen werden ihn sehen, und nicht mehr fremd.«

Herausforderungen

Die Übel dieser Welt – und die der Kirche – dürfen nicht als Rechtfertigung dienen, unser Engagement und unseren Eifer zu bremsen. Betrachten wir sie vielmehr als Herausforderung zum Wachstum.

Das Pferd und der Fluss

Ein Moment der Krise ist auch ein Moment der Wahl, ein Moment, der uns Entscheidungen abverlangt, die wir treffen müssen. Wir alle haben im Leben Krisen erlebt und werden sie weiter erleben: familiäre Krisen, Ehekrisen, soziale Krisen, Krisen am Arbeitsplatz, Krisen über Krisen … Auch die Pandemie, die uns getroffen hat, ist eine soziale Krise.

Wie sollen wir in solchen Augenblicken reagieren? »Daraufhin zogen sich viele Jünger zurück und wanderten nicht mehr mit ihm umher«, heißt es über Jesus. (JOH 6,66) Jesus entscheidet sich, die Apostel zu fragen: »Da fragte Jesus die Zwölf: Wollt auch ihr weggehen?« (VERS 67) Er bittet sie um eine Entscheidung. Und es ist Petrus, der sein zweites Christusbekenntnis ablegt: »Simon Petrus antwortete ihm: Herr, zu wem sollen wir gehen? Du hast Worte des ewigen Lebens. Wir sind zum Glauben gekommen und haben erkannt: Du bist der Heilige Gottes.« (VERSE 68–69) Petrus bekennt also im Namen der Zwölf, dass Jesus der Heilige Gottes, der Sohn Gottes ist.

Kurz davor hatte Petrus das erste Christusbekenntnis abgelegt: »Du bist der Messias, der Sohn des lebendigen Gottes.« Aber bald darauf, als Jesus den Jüngern von seiner künftigen Leidensgeschichte erzählt, versucht Petrus, ihn aufzuhalten. »Das soll Gott verhüten, Herr! Das darf nicht mit dir geschehen!« Jesus aber macht ihm deshalb Vorwürfe: »Weg mit dir, Satan, geh mir aus den Augen! Du willst mich zu Fall bringen; denn du hast nicht das im Sinn, was Gott will, sondern was die Menschen wollen.« (MT 16,16–23)

Im zweiten Christusbekenntnis ist Petrus gereift und protestiert nicht mehr. Er versteht nicht, was Jesus sagt, als er vom »Fleisch essen« und »Blut trinken« redet (JOH 6,54–56), aber er vertraut auf den Herrn. Er vertraut ihm vollkommen. Und legt das zweite Bekenntnis ab: »Herr, zu wem sollen wir gehen? Du hast Worte des ewigen Lebens.«

Das hilft auch uns, uns allen, die Augenblicke der Krise zu überstehen. In meinem Heimatland gibt es ein Sprichwort, das besagt: »Wenn du zu Pferd unterwegs bist und einen Fluss überqueren musst, wechsle nie mittendrin die Pferde.« In den Momenten der Krise müssen wir ganz auf die Überzeugung des Glaubens setzen. Die Jünger, die sich zurückgezogen haben, haben sozusagen »das Pferd gewechselt«. Sie haben sich einen anderen Meister gesucht, mit dem es weniger »unerträglich« ist, wie sie zu ihm sagten. In den Augenblicken der Krise brauchen wir Standhaftigkeit und Stille. Wir müssen fest dort ausharren, wo wir sind. Dies ist nicht der Augenblick, um Veränderungen in Angriff zu nehmen. Es ist vielmehr der Moment der Treue, der Treue zu Gott, der Moment des getreuen Stehens zu den Entscheidungen, die wir einmal getroffen haben. Aber es ist auch der Moment der Rückkehr zum

Glauben, denn dieser Glaube wird uns helfen, wird uns Inspiration schenken, die eine Veränderung zum Guten bewirkt und uns nicht davon wegführt. Augenblicke des Friedens und Augenblicke der Krise. Wir Christen müssen lernen, beides zu meistern. Beides.

Christus lebt!

Er ist unsere Hoffnung, ist die schöne Jugend dieser Erde. Alles, was er berührt, wird jung, wird neu, erfüllt sich mit Leben. Daher sind die ersten Worte, die ich an jeden jungen Christen richten möchte: Er lebt und will dich leben sehen!

Er ist in dir, er ist mit dir und wird dich niemals verlassen. Selbst wenn du weit weggehst, an deiner Seite ist immer der Auferstandene, der dich ruft und dich erwartet, um von Neuem zu beginnen. Wenn du dich vor Trauer, vor Intrigen, Ängsten und Zweifeln, vor lauter Versagen alt fühlst, ist er da, um dir Kraft und Hoffnung zu schenken.

Unser Schmerz ist der Same der Freude

In den Momenten des Leidens, des Schmerzes, in denen wir überhaupt nichts mehr verstehen, in denen wir rebellieren wollen, richten wir den Blick auf unsere

Mutter. Wir klammern uns an ihren Rockzipfel wie ängstliche Kinder und bitten aus ganzem Herzen: »Mutter!« Wir sind nicht allein, wir haben eine Mutter. Wir haben Jesus, der unser größerer Bruder ist. Wir sind nicht allein.

Wir blicken mit den Augen des Glaubens auf die Zukunft. Unser Schmerz ist ein Same, der eines Tages erblüht und die Freude zeigt, die der Herr all jenen versprochen hat, die seinen Worten glauben: »Selig die Trauernden, denn sie werden getröstet werden.« (MT 5,4) Das Mit-Leid Gottes, sein Leiden mit uns, verleiht unseren Bemühungen einen Sinn und einen ewigen Wert.

Es gibt die, die vorwärtsgehen, und die, die sich im Kreis drehen

Es gibt viele Menschen, auch Christen und praktizierende Katholiken, die nicht vorwärtsgehen. Es ist da immer diese Versuchung, stehen zu bleiben. Wir haben so viele auf der Stelle tretende Christen. Ihre Hoffnung ist schwach. Ja, sie glauben, dass es einen Himmel gibt, aber sie suchen ihn nicht. Sie befolgen die Gebote und Vorschriften, alles, aber sie stecken trotzdem fest. Und der Herr kann sie nicht zum Sauerteig machen, um sein Volk zu vergrößern.

Dann sind da noch die anderen, die einen verkehrten

Weg einschlagen. Aber das Problem ist nicht, dass sie einmal in die Irre gehen. Das Problem ist vielmehr das Umkehren, sobald man es bemerkt hat. Es ist unser Stand als Sünder, der uns in die Irre gehen lässt. Wir gehen und gehen, aber manchmal schlagen wir die falsche Richtung ein. Doch wir können immer umkehren: Der Herr hat uns diese Gnade verliehen, das Umkehren-Können.

Und dann ist da noch eine Gruppe, die sehr viel gefährlicher ist, weil sie der Selbsttäuschung unterliegt. Sie gehen zwar, aber sie kommen nicht voran. Das sind die irregeleiteten Christen: Sie gehen im Kreis, als wäre das Leben eine touristische Vergnügungsreise, ohne Ziel, ohne je ein Versprechen ernst zu nehmen. Diese Leute laufen im Kreis und täuschen sich selbst, weil sie sich sagen, dass sie ja vorwärtsgehen. Nein, du gehst nicht vorwärts, du drehst dich im Kreis! Dabei bittet der Herr uns, nicht stehen zu bleiben, nicht falsch abzubiegen und nicht durchs Leben zu kreiseln. Er verlangt von uns, unsere Versprechen zu halten und mit diesen Versprechen vorwärtszugehen.

Die jungen Menschen sind das Versprechen des Lebens

Vor einiger Zeit hat mich ein Freund gefragt, was ich sehe, wenn ich an einen jungen Menschen denke. Das war meine Antwort: »Ich sehe einen Jungen oder ein

Mädchen, die ihren Weg suchen, die am liebsten Flügel an den Füßen hätten, die sich der Welt zuwenden und ihre Augen voller Hoffnung, voller Zukunft und auch Illusionen auf den Horizont richten. Ein junger Mensch geht ebenso mit zwei Füßen wie ein Erwachsener, aber wo dieser beide Beine fest auf der Erde hat, setzt der junge Mensch immer einen Fuß vor den anderen, bereit, sofort loszulaufen. Er beugt sich immer vor. Von jungen Menschen zu reden, heißt, von Versprechen zu erzählen und von Freude. Die jungen Menschen haben so viel Kraft. Sie können mit den Augen der Hoffnung sehen. Ein junger Mensch ist ein Versprechen des Lebens, das in sich eine gewisse Kraft trägt. Und genügend Verrücktheit, um sich gründlich zu täuschen. Aber auch genügend Begabung, um sich von der Täuschung zu erholen, die daraus erwachsen kann.«

Verliebt!

Du suchst die Leidenschaft? Wie heißt es doch in einem schönen Gedicht von Pedro Arrupe: Verliebe dich (oder lasse die Verliebtheit zu), denn »nichts ist wichtiger, als Gott zu treffen. Das heißt, sich unverrückbar und endgültig in ihn zu verlieben. Das, worin du dich verliebst, regt deine Vorstellungskraft an und hinterlässt seine Spuren in allem und jedem. Eben dies wird darüber entscheiden, aus welchem Grund du morgens aufstehst, was du am Abend tun wirst, wie du deine Wochenenden verbringst, was du liest, was du weißt, was dir das Herz bricht und was dich mit Freude und Dankbarkeit erfüllt. Verliebe dich! Verweile in der Liebe! Und alles wird anders sein.« Diese Liebe Gottes, die das Leben mit Leidenschaft angeht, ist nur möglich aufgrund des Heiligen Geistes, »denn die Liebe Gottes ist ausgegossen in unsere Herzen durch den Heiligen Geist, der uns gegeben ist«. (RÖM 5,5)

Von der Schönheit träumen

Dem Westen fehlt es an Poesie

DA IST DIESE WESTLICHE WEISHEIT, die nicht nur die Weisheit der Kenntnisse ist, sondern die Weisheit der Zeit, der Kontemplation. Den westlichen Gesellschaften, in denen es ständig zu schnell zugeht, würde es guttun, wenn sie ein wenig Kontemplation lernen könnten, das Innehalten und den poetischen Blick auf die Dinge. Ich glaube, dem Westen fehlt es an Poesie. Dabei gibt es wunderschöne Poesie, auch im Westen, aber der Osten ist da doch weiter. Der Osten ist fähig, die Dinge mit einem Blick zu betrachten, der tiefer geht. Ich möchte hier nicht den Begriff der »Transzendenz« gebrauchen, weil einige östliche Religionen mit der Transzendenz nichts anfangen können. Aber ihr Blick geht ganz sicher über die bloße Immanenz hinaus. Er geht tiefer. Daher spreche ich von »Poesie«, von etwas, das uns zur Verfügung steht. Ich glaube, uns im Westen würde es guttun, ein wenig innezuhalten und unsere Zeit der Weisheit zu widmen. Die Kultur der Eile braucht ein Gegengewicht in der Kultur des »Innehaltens«. Halte inne.

Dichter schaffen

Man kann Menschen nicht erziehen, ohne sie an die Schönheit heranzuführen, ohne das Herz für die Schönheit zu öffnen. Um das Argument noch ein wenig schärfer zu formulieren: Ich würde sagen, dass keine Bildung vollständig ist, wenn sie keine Dichter hervorbringt. Der Weg der Schönheit ist eine Herausforderung, der wir uns stellen müssen.

Ein Leben voll der Gnade

Das Gebet des Menschen steht in enger Verbindung mit dem Gefühl des *Staunens*. Die Größe des Menschen ist verschwindend gering, wenn man sie mit den Dimensionen des Universums vergleicht. Seine größten Eroberungen verblassen davor ... Und doch ist der Mensch nicht nichtig. Im Gebet drängt sich uns das Gefühl der Barmherzigkeit auf. Nichts existiert zufällig: Das Geheimnis des Universums liegt in unseren Augen, die die Augen eines anderen streifen. Psalm 8 bestätigt, dass wir nur wenig geringer sind als Engel. Wir sind gekrönt von Ehre und Glorie (8,6). Die Beziehung zu Gott ist die eigentliche Größe des Menschen: seine Inthronisierung. Von Natur aus sind wir gleichsam nichts, aber von unserer Berufung her sind wir die Kinder des großen Königs!

Das ist eine Erfahrung, die viele von uns gemacht haben. Wenn auch das Leben mit seinen Bitternissen manchmal die Gabe des Gebets in uns erstickt, dann genügt doch die Kontemplation des bestirnten Firmaments, des Abendhimmels, einer Blüte, um den Funken der Dankbarkeit neu zu entfachen. Diese Erfahrung ist vermutlich die Grundlage für die allererste Seite der Bibel.

Das Gebet ist die erste Kraft der Hoffnung. Du betest, die Hoffnung wächst, und du machst weiter. Ich würde sagen, dass das Gebet die Pforte zur Hoffnung aufstößt. Die Hoffnung ist da, aber mit meinem Gebet öffne ich erst das Tor. Denn die Menschen des Gebets haben eine grundlegende Wahrheit verstanden: Sie wiederholen – für sich selbst, aber auch für alle anderen –, dass dieses Leben trotz all seiner Mühen und seiner Herausforderungen, trotz aller schwierigen Tage, voller Gnade ist, die uns staunen lässt. Und als solches verdient es, dass wir es verteidigen und beschützen.

In Harmonie mit der Schöpfung

Der Herr konnte die Menschen einladen, auf die Schönheit der Welt zu achten, weil er sich selbst ständig mit der Natur verband und sich ihr voller Zuneigung und Staunen zuwandte. Während er jeden Winkel seines Landes durchzog, hielt er an, um die Schönheit zu bewundern, die sein Vater gesät hatte. Und er lud die Jünger ein, in den Dingen eine göttliche Botschaft zu sehen. »Blickt umher und seht, dass die Felder weiß sind, reif zur Ernte.« (JOH 4,35) »Mit dem Himmelreich ist es wie mit einem Senfkorn, das ein Mann auf seinen Acker säte. Es ist das kleinste von allen Samenkörnern. Sobald es aber hochgewachsen ist, ist es größer als die anderen Gewächse und wird zu einem Baum.« (MT 13,31–32) Jesus lebte in vollkommener Harmonie mit der Schöpfung, und die anderen Menschen staunten darüber.

Zum Staunen erwachen

Erwachen zur Schönheit, zu den Wundern, zum Staunen, das uns neue Horizonte eröffnet und neue Fragestellungen aufzeigt. Ein geweihtes Leben, das nicht fähig ist, jeden Tag aufs Neue zu staunen, Freude oder Trauer zu empfinden, aber trotzdem offen zu sein für das Wunder, ist ein geweihtes Leben, das auf halbem Weg stehen bleibt. Der Herr hat uns nicht in die Welt hinausgeschickt, um den Menschen neue Zwänge aufzuerlegen oder noch drückendere Pflichten als die, unter denen sie ohnehin schon leiden, und das sind nicht wenige. Nein, er hat uns gerufen, um die Freude zu teilen, diesen strahlenden Horizont, neu und überraschend.

Die Herrlichkeit des Menschen

So steht es im achten Psalm: »Seh ich den Himmel, das Werk deiner Finger, Mond und Sterne, die du befestigt: Was ist der Mensch, dass du an ihn denkst, des Men-

schen Kind, dass du dich seiner annimmst?« (VERSE 4–5)
Der Betende betrachtet das Mysterium des Daseins um
sich herum, er sieht den bestirnten Himmel über sich –
den die Astrophysik uns heute in seiner ganzen Unendlichkeit aufzeigt – und fragt sich, welches Vorhaben
der Liebe hinter diesem gewaltigen Werk steht! Und
welche Bedeutung hat der Mensch in dieser unendlichen Weite? Beinahe ein Nichts, wie ein anderer Psalm
besagt: »Was ist unser Leben, wie vergänglich hast du
den Menschen geschaffen!« (89,48) Der Mensch – ein
Wesen, das geboren wird, das stirbt, ein äußerst zer-
brechliches Geschöpf. Und doch ist der Mensch im
ganzen Kosmos das einzige mit Bewusstsein begabte
Wesen, das die unglaubliche Schönheit der Welt wahr-
nimmt. Ein kleines Wesen, das zur Welt kommt und
stirbt, das heute da ist und morgen nicht mehr, ist das
einzige Geschöpf, das diese Schönheit erkennt. Wir
erkennen diese Schönheit!

Die Unentgeltlichkeit des Spiels

Es ist traurig, wenn ein Mensch im Wachzustand nicht
träumen kann, wenn er nicht wagt, Träume zu haben.
Träumen zu können, ist eine wunderbare Gabe. »Sei
nicht so albern. Lass das. Kümmere dich lieber um konkrete Dinge«, heißt es dann gerne. Aber Träume sind
konkret. Sie richten deinen Blick aus auf den Horizont,

öffnen das Leben einen kleinen Spalt und lassen die Seele atmen. Verliert nie die Fähigkeit zum Träumen, niemals. Es gibt da diese schöne italienische Canzone *Volare*, bei der es im Refrain heißt: »Nel blu dipinto di blu (Im blau bemalten Blau).« Das ist eine Hymne an die Fähigkeit zu träumen. Und zu spielen. Aber das Spiel ist auch die Sprache der Unentgeltlichkeit. Eines der schlimmsten Dinge, das heute dem Fußball widerfährt, ist die Tatsache, dass er seinen Charakter als Spiel verloren hat. Er ist zu kommerziell geworden. Dabei ist es gerade das Spiel, das Liebhabermäßige des Spiels, das uns wachsen lässt. Das Spiel ist für immer kostenlos, es steht uns frei zur Verfügung. Vergesst das niemals.

Wer nicht zu spielen weiß, ist nicht reif

Ein Mensch, der als Kind nicht zu spielen gelernt hat, wird nie erwachsen sein. Er ist vielmehr in sich gespalten, unfruchtbar, unfähig, ein Gedicht zu schreiben, und unfähig zu träumen. Das Spiel ist unglaublich wichtig. Ich werde euch jetzt etwas aus meinem Leben erzählen: Wenn ich jungen Ehepaaren, die zwei oder drei Kinder haben, die Beichte abnehme, sage ich immer: »Ich möchte Ihnen eine Frage stellen: Spielen Sie mit Ihren Kindern?« Der Großteil von euch wird in einigen Jahren Kinder bekommen. Also vergesst nicht, mit ihnen zu spielen. Wenn Papa und Mama mit den Kindern sind, sich mit ihnen auf die Erde setzen, um zu spielen: Das ist Weisheit. Und es hilft, die Kinder gut zu erziehen.

Wir haben alle einen Traum mitbekommen

Es ist wunderschön, wenn wir unter den Sachen, die unsere Eltern für uns aufbewahren, ein Erinnerungsstück finden, das uns zeigt, was sich unsere Großeltern für uns erträumt haben. Jeder Mensch erhält noch vor seiner Geburt von den Großeltern ein Geschenk, den Segen eines Traumes voller Liebe und Hoffnung: auf ein besseres Leben. Und wenn manche Großeltern diesen Traum nicht hatten, dann waren es vielleicht die Urgroßeltern, die ihn hegten, wenn sie ihre Kinder und später ihre Enkel in der Wiege betrachteten. Der uranfängliche Traum, der schöpferische Traum Gottes, unseres Vaters, geht dem Leben jedes einzelnen Geschöpfes voraus und begleitet es durchs Dasein. Wir müssen diesen Segen, der sich von Generation zu Generation überträgt, im Gedächtnis behalten. Er ist ein kostbares Erbe, das wir bewahren müssen, um es unsererseits weiterzugeben.

Daher ist es gut, alten Menschen zuzuhören, wenn sie lange, fantastische Geschichten erzählen, die fast ans Mythische grenzen – die Träume der Alten –, die aber eben auch voller wertvoller Erfahrungen stecken, voller ausdrucksstarker Symbole und verborgener Botschaften. Diese Geschichten verlangen uns Zeit ab, die wir gerne geben, damit wir zuhören und sie auslegen können, denn in den sozialen Medien finden sie keinen Platz. Wir müssen akzeptieren, dass die Weisheit, die wir zum Leben brauchen, nicht mit den wenigen Zeichen auskommt, die die modernen Kommunikationsmittel ihr einräumen.

Die Wahrheit lieben, die Schönheit suchen

Wenn der Mensch sich selbst findet, sucht er Gott. Vielleicht findet er ihn nicht, aber auf der Suche nach Wahrheit geht er den Weg der Aufrichtigkeit, der Güte und der Schönheit. Für mich ist ein junger Mensch, der die Wahrheit liebt und sie anstrebt, auch einer, der die Güte liebt und gut ist und die Schönheit liebt und nach ihr strebt. Solch ein Mensch ist auf einem guten Weg und wird ganz sicher zu Gott finden! Früher oder später findet er ihn! Es ist ein langer Weg dorthin, und manche Menschen finden ihn im Leben einfach nicht, jedenfalls nicht bewusst. Wer aber wahrhaftig und ehrlich zu sich selbst ist, wer gütig ist und die Schönheit liebt, hat eine sehr gereifte Persönlichkeit, die bereit ist für die Begegnung mit Gott, die ja immer eine Gnade ist. Denn die Begegnung mit Gott ist Gnade. Gott lernt man nicht durch Hörensagen kennen, man kann auch keine Gebühr entrichten, um ihn zu treffen. Der Weg dorthin ist ein sehr persönlicher, ein Weg, den wir auf uns nehmen müssen. Nur so können wir ihm begegnen.

Die Harmonie zwischen den Gegensätzen

Der heilige Paulus schrieb: »Freut euch. Der Herr ist nahe.« (PHIL 4,4–5) Ich würde euch gerne eine Frage stellen, die ihr im Herzen mit euch tragen solltet, sozusagen eine Art Hausaufgabe. Wie sieht es denn bei dir zu Hause mit der Freude aus? Wie ist es in deiner Familie um die Freude bestellt?

Liebe Familien, ihr wisst es sehr gut: Die wahre Freude, die man in der Familie erfährt, ist keineswegs oberflächlich. Sie beruht nicht auf Gegenständen, auf angenehmen Lebensumständen ... Die wahre Freude entsteht aus der tiefen Harmonie zwischen den Menschen, die diese im Herzen spüren. Sie zeigt uns, wie schön es ist, zusammen zu sein und sich auf dem Lebensweg gegenseitig zu unterstützen. Aber das Fundament dieser tiefen Freude ist die Anwesenheit Gottes, die Präsenz Gottes in der Familie ist seine Liebe, die annimmt, barmherzig ist und alle achtet. Vor allem aber ist sie eine geduldige Liebe: Die Geduld ist eine der Tugenden Gottes, und sie lehrt uns, einander in der Familie diese geduldige Liebe zu zeigen. Mit dem jeweils anderen geduldig zu sein. Nur Gott kann Harmonie zwischen Gegensätzlichem schaffen. Wenn die

Liebe Gottes fehlt, verliert auch die Familie an Harmonie. Dann setzt sich der Individualismus durch, und die Freude erlischt. Die Familien aber, die die Freude des Glaubens leben und sie spontan nach außen tragen, sind das Salz der Erde und das Licht der Welt, der Sauerteig für die gesamte Gesellschaft.

Schöne Wege der Liebe

Die Liebe zwischen den Ehepartnern und in der Familie offenbart ganz klar die Berufung des Menschen, auf einzigartige Weise und für immer zu lieben. Und sie zeigt, dass all die Prüfungen, die Opfer und die Krisen für die Paare wie für die Familien nur Phasen sind, in denen sie im Guten, in der Wahrheit und der Schönheit wachsen können. In der Ehe gibt man sich vollständig hin, ohne Vorbehalte und Hintergedanken. Man teilt alles, Gaben und Verzicht, und vertraut auf die göttliche Vorsehung. Diese Erfahrung können junge Menschen von ihren Eltern und Großeltern lernen. Es ist die Erfahrung des Glaubens an Gott und des gegenseitigen Vertrauens, die Erfahrung einer grundlegenden Freiheit und Heiligkeit, denn Heiligkeit bedeutet, sich voller Glauben und Opferbereitschaft an jedem Tag des Daseins hinzugeben! In der Ehe kann es Probleme geben, unterschiedliche Standpunkte, Eifersucht. Manchmal streitet man auch. Aber wir müssen allen

jungen Eheleuten sagen, dass sie nie zu Bett gehen sollten, ohne sich mit dem Partner ausgesöhnt zu haben.
In diesem Moment der Versöhnung nach einem Streit,
einem Missverständnis, einer heimlichen Eifersucht, ja
selbst nach einer Sünde wird das Sakrament der Ehe
erneuert.

Die Versöhnung schenkt der Familie Einigkeit. Das
müssen wir den jungen Leuten sagen, den jungen Paa-
ren: dass dieser Weg nicht leicht ist, aber schön, so
unglaublich schön. Das müssen wir ihnen unbedingt
vermitteln!

Wenn die Alten nicht träumen, können die Jungen nicht sehen

In der Prophezeiung des Joël finden wir eine Ankün-
digung: »Danach aber wird es geschehen, dass ich meinen Geist ausgieße über alles Fleisch. Eure Söhne und
Töchter werden Propheten sein, eure Alten werden
Träume haben, und eure jungen Männer haben Visionen.« (JL 3,1; APG 2,17) Wenn junge und alte Menschen
sich dem Heiligen Geist öffnen, schaffen sie eine wunderbare Gemeinsamkeit. Die Alten träumen, und die
Jungen haben Visionen. Wie ergänzt sich das?

Die Alten haben Träume, die verwoben sind mit
Erinnerungen, mit den Bildern ihres Lebens, gezeichnet
von der Erfahrung und den Jahren. Wenn die jungen

Menschen sich in den Träumen der Alten verwurzeln, dann können sie in die Zukunft sehen, Visionen haben, die ihnen den Horizont eröffnen und ihnen neue Wege aufzeigen. Aber wenn die Alten nicht träumen, dann sehen auch die Jungen den Horizont nicht.

Der Heilige Geist ist Harmonie

Der Heilige Geist scheint in der Kirche Unordnung zu schaffen, weil er das unterschiedliche Charisma, die unterschiedlichen Gaben betont.

Aber unter seiner Einwirkung entwickelt sich all das zu einem enormen Reichtum, denn der Heilige Geist ist der geeinte Geist, der nicht für Uniformität steht, sondern das Ganze in Harmonie versetzt. Einer der Kirchenväter sagte einmal vom Heiligen Geist: »ipse harmonia est.« Er ist tatsächlich die Harmonie. Nur er kann die Diversität hervorlocken, die Pluralität, den Facettenreichtum und gleichzeitig auf die Einheit hin-arbeiten.

Gute Einsamkeit und schlechte Einsamkeit

Es ist wirklich wichtig, im Leben stets Momente zu haben, in denen man für sich ist, ohne andere Menschen, auf Du und Du mit uns selbst. Du vor deinem

Gewissen. Das tut wirklich gut. Ich mache das immer wieder mal. Gott sei Dank fühle ich mich dabei nicht allein in dem Sinne, dass ich keine Freunde, keine Menschen habe, die mir zur Seite stehen. Ich habe viel zu tun, und auch das ist ein Geschenk. Ich spreche hier von einer guten Einsamkeit. Es ist wichtig, sich daran zu gewöhnen, im Laufe des Tages solch einen Moment der Einsamkeit zu erleben, zumindest alle zwei bis drei Tage … Wo man sich sagen kann: »Ich fühle mich allein und will sehen, was sich in meinem Leben so abspielt.«

Aber es gibt auch eine schlimme Einsamkeit. Diese erleben Menschen, die keine Arbeit haben, die von ihren Freunden im Stich gelassen werden. Das ist eine hässliche Einsamkeit, die wehtut, die uns abgleiten lässt in die Melancholie, in düstere Gedanken, auch in Gedanken der Eifersucht und der Rache: »Ich fühle mich allein und überlege, wie ich anderen schaden kann.« Es gibt so viele Formen der Einsamkeit. Aber ein bisschen von der guten Sorte, nicht allzu viel, sollte jeder haben, um sich mit der Frage auseinanderzusetzen, was in seinem Leben, in seinem Inneren geschieht … Das lässt uns wachsen.

Weder Angst noch Unsicherheit

Wir müssen auf der Straße der Träume immer weitergehen. Aus diesem Grund sollten wir auf eine Versuchung achtgeben, die uns häufig üble Streiche spielt: die Angst.

Sie kann eine schlimme Feindin werden, wenn sie uns dazu bringt aufzugeben, weil wir feststellen, dass es keine sofortigen Resultate gibt. Die schönsten Träume erobert man mit Hoffnung, Geduld und Engagement und mit dem Verzicht auf Hast und Eile. Gleichzeitig ist es wichtig, sich nicht von Unsicherheit blockieren zu lassen, keine Angst vor dem Risiko zu haben, vor dem Fehlermachen. Vielmehr sollten wir uns davor fürchten, wie gelähmt zu sein, wie lebende Tote, zu Untoten gemacht, weil wir nichts riskieren wollen, weil wir unser Engagement nicht fortführen oder Angst haben, etwas falsch zu machen. Selbst wenn du einen Fehler machst, kannst du weiterhin das Haupt hochtragen und von vorne anfangen, denn niemand hat das Recht, dir die Hoffnung zu rauben.

Aus sich selbst heraustreten

Die Begegnung mit Gott wird als »Ekstase« bezeichnet, weil sie uns aus uns selbst herauskatapultiert und uns erhebt. Wir sind gefesselt von der Liebe und der Schönheit Gottes. Aber wir können auch aus uns heraustreten, um die verborgene Schönheit jedes Menschen zu erkennen, seine Würde, seine Größe als Ebenbild Gottes, des Vaters und des Sohnes. Der Heilige Geist hält uns an, aus uns herauszukommen und die anderen mit Liebe zu umarmen, ihnen Gutes zu wollen. Aus diesem

Grund ist es immer besser, den Glauben gemeinsam zu leben und unserer Liebe in einer Gemeinschaft Ausdruck zu verleihen, indem wir mit anderen jungen Leuten unsere Zuneigung teilen, unsere Zeit, unseren Glauben und auch unsere Ängste. Die Kirche bietet viele Möglichkeiten, um den Glauben in der Gemeinschaft zu leben, denn zusammen ist alles gleich viel einfacher.

Vergiss deine Würde nicht

Die Menschen sind fähig, sich bis ins Extrem zu erniedrigen, aber sie können sich auch selbst überwinden, zur Entscheidung für das Gute zurückkehren und sich erneuern, jenseits von aller psychischen und sozialen Konditionierung, die man ihnen aufzwingt. Die Menschen sind fähig, sich ehrlich anzusehen, zu ihrer Abscheu zu stehen und neue Wege einzuschlagen, die sie zu echter Freiheit führen. Es gibt keine Systeme, die die Öffnung zum Guten hin, zur Wahrheit und Schönheit vollkommen verhindern könnten. Genauso wenig wie sie die Reaktion unterbinden können, zu der Gott uns in der Tiefe unseres Herzens ermutigt. Ich bitte daher jeden Menschen auf dieser Welt, diese seine Würde nicht zu vergessen, denn niemand hat das Recht, uns diese wegzunehmen.

Die Schönheit des geteilten Brotes

Es liegt eine außergewöhnliche Schönheit in der gemeinsamen Mahlzeit der Familie, die sich um die Tafel versammelt und großzügig das Brot miteinander teilt, auch wenn die Mahlzeit selbst eher ärmlich ausfällt. Wie schön ist doch die ältere, stets unfrisierte Ehefrau, die sich immer noch um ihren kranken Mann kümmert, obwohl dies zulasten ihrer Kräfte und ihrer Gesundheit geht. Auch wenn die Frühlingsgefühle des ersten Flirts längst vorüber sind, liegt eine tiefe Schönheit in der Treue der Paare, die sich auch im Herbst ihres Lebens noch lieben, die auch im Alter noch Händchen halten. Es liegt eine unglaubliche Schönheit in jedem Mann und jeder Frau, die weit über alle Äußerlichkeiten hinausgeht und damit zu tun hat, dass sie voller Liebe ihrer persönlichen Berufung folgen, im uneigennützigen Dienst an der Gemeinschaft, an ihrem Heimatland, am Glück der Familie, in der harten Arbeit für ein gutes Sozialleben, die gewöhnlich nicht entlohnt wird. Diese Schönheit, die uns an Christus am Kreuz erinnert, zu entdecken, zu zeigen und zu betonen, heißt, dass wir die Fundamente schaffen für eine wirkliche soziale Solidarität, für eine Kultur der Begegnung.

Schmerz und Trost

Wenn jemand krank ist, fragt man sich häufig, ob man nicht besser den Priester für die Letzte Ölung holen sollte, aber dann sagt man doch: »Nein, das bringt Unglück. Lassen wir es lieber.« Oder: »Damit versetzen wir den Kranken nur in Angst und Schrecken.« Warum denken wir das nur? Weil man fürchtet, dass nach dem Priester das Bestattungsunternehmen kommt. Und das ist nicht richtig. Der Priester kommt, um dem kranken oder alten Menschen zu helfen. Daher ist sein Besuch auch so wichtig. Denn mit dem Priester kommt Jesus selbst, um den Kranken aufzurichten, ihm Kraft zu geben, Hoffnung und Hilfe. Auch um seine Sünden zu vergeben. Und das ist wunderschön! Wir sollten nicht meinen, dass dies ein Tabu ist, denn es ist schön, wenn wir im Augenblick des Leidens und der Krankheit spüren, dass wir nicht allein sind: Der Priester und all jene Menschen, die im Augenblick der Ölung zugegen sind, stehen für die Gemeinschaft der Christenheit, die sich wie ein Leib um den Kranken und seine Angehörigen legt und in ihnen Glaube und Hoffnung weckt, um sie mit Gebet und geschwisterlicher Wärme zu unterstützen. Aber der größte Trost erwächst uns aus der Tatsache, dass unser Herr Jesus selbst im Sakrament gegenwärtig ist und uns an der Hand nimmt, uns berührt, wie er es mit allen Kranken getan hat, und uns daran erinnert, dass wir ihm gehören und dass nichts – auch nicht Krankheit und Tod – uns von ihm trennen kann.

Wenn wir die Gewohnheit haben, den Priester zu rufen, damit er unseren Alten und Kranken – und damit meine ich nicht die Grippe, sondern ernsthafte Erkrankungen – dieses Sakrament spendet, diesen Trost, diese Kraft Jesu vorwärtszugehen, dann sollten wir das auch tun!

Ein gemeinsamer Traum

Sich zu begegnen, heißt nicht, dass wir einander nachahmen, dass wir alle das Gleiche denken, auf die gleiche Weise leben und dieselben Dinge tun müssen: Das tun nur Papageien. Sich zu begegnen, bedeutet, dass wir etwas anderes können: die Kultur der Begegnung pflegen. Wir sind aufgerufen, wir sind eingeladen, den Mut zu haben, einen gemeinsamen Traum am Leben zu halten. Wir sind so unterschiedlich, wir sprechen verschiedene Sprachen, wir kleiden uns anders, trotzdem sollten wir doch bitte schön an unserem gemeinsamen Traum festhalten. Und ja, das bringen wir zustande. Denn das macht uns nicht etwa gleich, sondern bereichert uns. Ein großer Traum, ein Traum, der alle miteinbezieht. Der Traum, für den Jesus am Kreuz sein Leben gegeben hat, für den der Heilige Geist am Pfingsttag herabkam, um die Herzen aller Menschen mit Feuer zu zeichnen, damit sie die Hoffnung fänden und den Raum, um zu wachsen und zu gedeihen. Ein Traum, ein Traum mit Namen Jesus, den der Vater gesät hat: im Vertrauen, dass er in jedem Herzen wachsen und leben wird. Ein ganz konkreter Traum, der eine Person ist, der in unsern Adern pulsiert, das Herz aufhorchen und jubeln lässt, immer wenn wir hören: »Liebt einander. Wie ich euch geliebt habe, so sollt auch ihr einander lieben. Daran werden alle erkennen, dass ihr meine Jünger seid: wenn ihr einander liebt.« (JOH 13,34)

Weil Gott die Freude ist

Wie ein Stern, der in mir funkelt

ES IST ABSOLUT WESENTLICH, dass wir das Licht
erkennen, das der Glaube ist, denn wenn seine Flamme
erlischt, dann verlieren auch alle anderen Lichter ihre
Kraft. Das Licht des Glaubens besitzt einen einzigartigen Charakter, weil es das *ganze* Dasein des Menschen erleuchten kann. Damit ein Licht so hell leuchten kann, darf es nicht von uns ausgehen. Es braucht
eine ursprünglichere Quelle, ja es muss in letzter Kon-
sequenz von Gott kommen. Der Glaube entsteht in
der Begegnung mit dem lebendigen Gott, der uns ruft,
der uns seine Liebe offenbart, eine Liebe, die uns vor-
ausgeht und auf die wir uns stützen können, damit wir
sicher sein und unser Leben gestalten können. Von dieser Liebe verwandelt, werden unsere Augen neu. Wir
spüren, dass in ihr das große Versprechen der Erfüllung
liegt und dass sich für uns der Blick auf die Zukunft hin
öffnet. Der Glaube, den wir als übernatürliche Gabe
von Gott erhalten, ist uns das Licht auf der Straße, das
unseren Weg durch die Zeit erhellt. Einesteils kommt
es aus der Vergangenheit und ist das Licht einer grundlegenden Erinnerung, jener an das Leben Jesu, in dem
sich seine Liebe zeigte, auf die wir uns stützen durften,
eine Liebe, die selbst den Tod besiegte. Gleichzeitig ist
der Glaube ein Licht, das aus der Zukunft kommt, weil
Christus ja auferstanden ist und uns über den Tod hinaus anzieht. Und dieses Licht eröffnet uns einen gigan-

tischen Horizont, es trägt uns über unser isoliertes »Ich« hinaus in die Weite der Gemeinschaft. An diesem Punkt begreifen wir, dass der Glaube nicht im Dunkeln haust. Dass er im Gegenteil das Licht ist, das unser Dunkel erhellt. Dante legt in der *Divina Commedia* vor Petrus sein Glaubensbekenntnis ab, um dann dieses Licht zu beschreiben als Funken, »der dann in mir lebend'ge Flamme anfacht, so daß sie leuchtet gleich dem Stern am Himmel.« (DAS PARADIES, XXIV,146–147)

Von eben diesem Licht des Glaubens möchte ich sprechen, damit es wachsen kann und die Gegenwart erhellen, bis es zu dem Stern wird, der die Horizonte unseres Weges erleuchtet, in einer Zeit, in der der Mensch das Licht besonders dringend braucht.

Nicht wie die Fledermaus im Dunkeln

Es gibt Menschen – zu denen hin und wieder auch wir gehören –, die im Licht nicht leben können, weil sie ans Dunkel gewöhnt sind. Das Licht blendet sie, sodass sie nicht sehen können. Sie sind sozusagen menschliche Fledermäuse: Nur in der Nacht vermögen sie, sich zu bewegen. Auch wir, wenn wir in der Sünde sind, sind in diesem Zustand befangen: Wir ertragen das Licht nicht. »Das Licht kam in die Welt, und die Menschen liebten die Finsternis mehr als das Licht, denn ihre Taten waren böse«, sagt Jesus (JOH 3,19). Für uns ist es beque-

mer, im Dunkeln zu leben. Das Licht ohrfeigt uns förm-
lich, es zeigt uns, was wir nicht sehen wollen. Aber das
Schlimmste ist, dass die Augen – die Augen der Seele –
sich ans Dunkel gewöhnt haben, in dem wir so lange
hausten, und nun nicht mehr wissen, was das Licht ist.
So viele Skandale, so häufige Korruption sagen uns das.
Die Korrupten wissen nicht, was das Licht ist. Sie kennen es nicht. Auch wir, wenn wir im Zustand der Sünde
sind, in dem wir uns vom Herrn entfernt haben, werden blind und fühlen uns im Finstern wohler. Und so
machen wir weiter, ohne Sehvermögen wie die Blinden,
und tappen uns durch die Welt.

Lassen wir zu, dass die Liebe Gottes, der Jesus
gesandt hat, um uns zu erlösen, und »das Licht des
Lebens« (JOH 8,12), das Licht des Geistes, in uns eindrin-
gen und uns helfen, die Dinge im Licht Gottes zu sehen,
mit dem wahren Licht und nicht in der Dunkelheit, die
der Herr der Finsternis uns gibt.

Das ist die Frage, die wir uns jeden Tag stellen können: »Wandle ich im Licht oder im Dunkeln? Bin ich
ein Kind Gottes oder habe ich mich am Ende in eine
arme Fledermaus verwandelt?«

Nicht vor der Zeit alt werden

Manchmal verebben all unsere Energie, alle Träume und die Begeisterung der Jugend, weil wir uns versuchen lassen und uns in uns selbst verschließen, in unsere Probleme, unsere weidwunden Gefühle, unsere Klagen und Bequemlichkeiten. Lasst nicht zu, dass dies geschieht, denn dann werdet ihr vor der Zeit alt.

Die ausgestreckte Hand Gottes

Krankheiten bringen immer große Fragen mit sich. Unsere erste Reaktion kann die Rebellion sein, vielleicht erleben wir auch Augenblicke der Erschütterung und Verzweiflung. Das ist der Schmerzensschrei, und es ist gut, dass es ihn gibt: Jesus selbst hat gelitten und ihn ausgestoßen. Mit unseren Gebeten schließen wir uns dem an. Wenn wir Jesus auf seinem Leidensweg näherkommen, entdecken wir die Stärke, die seine Nähe unserer Zerbrechlichkeit und unseren Wunden verleiht. Das ist eine Einladung, uns an seinem Leben festzuhalten und an seinem Opfer. Wenn wir in uns manchmal »das Brot des Leidens und das Wasser der Not« spüren, dann beten wir um eine ausgestreckte Hand, um die nötige Hilfe, die uns den Trost offenbart, der vom Herrn kommt, der »sich nicht mehr verbirgt« (JES 30,20), sondern uns begleitet und uns nahe ist.

Fackeln im Dunkel

Das Thema der Krankenpflege, gerade in den kritischen, oft letzten Phasen des Lebens, spricht auch die Aufgabe der Kirche an, die »Grammatik« der Fürsorge für den leidenden Menschen neu zu schreiben. Das Beispiel des guten Samariters lehrt uns, dass es nötig ist, den Blick des Herzens einzusetzen, denn häufig schaut ein Mensch zwar, sieht aber nicht. Warum? Weil es ihm an Mitleid fehlt. Mir fallen da die vielen Stellen im Evangelium ein, bei denen Jesus einem leidenden Menschen begegnet. Dann heißt es: »Und er hatte Mitleid.« »Er hatte Mitleid« – das ist der Refrain, der Jesus begleitet. Ohne Mitleid lässt der Schauende sich nicht auf das ein, was er sieht, und geht darüber hinweg. Wer aber ein mitfühlendes Herz hat, der lässt sich anrühren, hält inne und kümmert sich.

Um einen Kranken herum muss ein menschliches Umfeld aus Beziehungen aufgebaut werden, die die medizinische Behandlung unterstützen, sich aber auch für die Hoffnung öffnen, gerade in Grenzsituationen, in denen der körperliche Schmerz von emotionaler und spiritueller Verzweiflung begleitet wird.

Diese persönliche Beziehung zum Kranken – die eben nicht rein klinisch bleibt – sieht ihn in seiner Einzigartigkeit und nimmt die ganze Person in den Blick. Sie erlegt uns die Pflicht auf, niemals jemanden allein zu lassen, der an einer unheilbaren Krankheit leidet. Das menschliche

Leben behält in jeder Lage seinen Wert und seine Würde, schon weil es auf die Ewigkeit ausgerichtet ist, auch in Zeiten der Unsicherheit und Brüchigkeit. Und als solches ist es der allerhöchsten Achtung wert.

Mutter Teresa, die solch ein Leben der Nähe und des Teilens geführt hat, hat bis zum Ende das Ansehen und den Respekt für die menschliche Würde bewahrt. Sie hat das Sterben menschlicher gemacht. Das waren ihre Worte: »Wer auf seinem Lebensweg auch nur eine Fackel in der Dunkelheit eines anderen entzündet hat, hat nicht umsonst gelebt.«

Wie stellen wir das an?

Angst und Unsicherheit schweißen uns zusammen. So viele gebrochene Herzen müssen aufgerichtet werden. Ich denke an das, was Jesus sagte, als er vom Heiligen Geist sprach: Er benutzte dabei ein bestimmtes Wort – *paraklet* – der Tröster. Viele von euch haben diesen Trost erfahren, diesen inneren Frieden, in dem wir uns geliebt fühlen, diese sanfte Kraft, die immer Mut verleiht, auch im Schmerz. Der Heilige Geist schenkt uns die Gewissheit, nicht allein zu sein, sondern von Gott gehalten zu werden. Meine Lieben: Was wir empfangen haben, müssen wir weitergeben. Wir sind aufgefordert, den Trost des Heiligen Geistes zu verbreiten, die *Nähe* Gottes.

Wie wir das anstellen sollen? Denken wir an das, was

wir uns selbst wünschen: Trost, Ermutigung, jemanden,
der sich um uns kümmert, der für uns betet, der mit uns
weint, der uns hilft, uns mit unseren Problemen auseinanderzusetzen. Alles, was wir uns von anderen Menschen wünschen, sollten wir ihnen zuteilwerden lassen. (MT 7,12) Wir wollen, dass man uns zuhört? Also
hören wir zu. Wir brauchen Ermutigung? Wir schenken
Ermutigung. Wir wollen, dass sich jemand um uns kümmert? Dann kümmern wir uns doch um jemanden, der
keinen anderen Menschen hat. Wir brauchen Hoffnung
für das Morgen? Dann schenken wir heute Hoffnung.

Bete für die Gabe der Hoffnung

Die Hoffnung ist eine Gottesgabe. Wir müssen sie
erbitten. Sie liegt tief im Herzen eines jeden Menschen
verborgen, damit sie mit ihrem Licht die Gegenwart
erhellen kann, die häufig verdunkelt und gestört wird
von Situationen voller Trauer und Leid. Wir müssen die
Wurzeln unserer Hoffnung festigen, damit sie Frucht
tragen kann. Zuallererst mit der Gewissheit der Präsenz und des Mitleids Gottes, auch wenn wir uns vergangen haben. Es gibt keinen Ort in unserem Herzen,
den die Liebe Gottes nicht erreicht. Wo auch immer ein
Mensch ist, der gefehlt hat, wird die Barmherzigkeit des
Vaters noch deutlicher, und er bringt Reue, Vergebung,
Versöhnung und Frieden.

Das Lächeln, das von innen kommt

Wenn wir im Dunkeln sind, in Schwierigkeiten stecken, dann tritt uns so schnell kein Lächeln auf die Lippen. Und es ist die Hoffnung, die uns das Lächeln wieder lehrt, damit wir den Weg zu Gott finden. Eines der ersten Dinge, die all jenen geschehen, die sich von Gott abwenden, ist, dass sie zu Menschen ohne Lächeln werden. Vielleicht können sie laut lachen. Das machen sie oft. Ein Witz, ein Lachen ... aber das Lächeln fehlt ihnen! Denn das Lächeln erwächst einzig aus der Hoffnung: Es ist das Lächeln der Hoffnung, zu Gott zu finden.

Das Leben ist oft eine Wüste. Es ist schwierig, darin voranzukommen, aber wenn wir uns Gott anvertrauen, wird es groß und breit wie eine Autobahn. Wir dürfen nur die Hoffnung nicht verlieren. Wir müssen weiterhin glauben, immer, trotz allem. Und wenn wir einem Kind begegnen, dann können wir noch so viele Probleme und Schwierigkeiten haben, unser Inneres zaubert uns ein Lächeln auf die Lippen, weil wir im Angesicht der Hoffnung sind: Ein Kind ist die Hoffnung! So sollten wir im Leben den Weg der Hoffnung finden, die uns zu Gott trägt, zu jenem Gott, der für uns zum Kind geworden ist. Und der uns lächeln lässt, der uns alles gibt!

Der Wert der Tränen

Unserer Welt fehlt es an Tränen! Sie werden vergossen von denen, die an den Rand gedrängt werden, die man ausstößt und verachtet, aber wir, die wir ein Leben führen, dem es an nichts fehlt, wir haben das Weinen verlernt. Doch bestimmte Realitäten des Lebens sieht man nur mit den von Tränen blank geputzten Augen. Ich möchte jeden von euch einladen, sich zu fragen: Habe ich zu weinen gelernt? Weine ich, wenn ich ein hungerndes Kind sehe, ein Kind, das Drogen nimmt, ein Kind, das obdachlos ist, ein verlassenes Kind, ein missbrauchtes Kind, ein Kind, das die Gesellschaft Sklavendienste verrichten lässt? Oder sind meine Tränen die eines durch und durch verwöhnten Menschen, der immer noch mehr will? Das ist das Erste, was ich euch sagen will: Lernen wir zu weinen.

Jesus weint im Evangelium. Er weint um einen toten Freund. Er weinte von Herzen angesichts der Familie, die eine Tochter verloren hat. Er weinte von Herzen, als er die arme verwitwete Frau sah, die ihren einzigen Sohn zu Grabe trug. Er hatte Mitleid und weinte im Herzen, als er die Menschen sah wie eine Schafherde ohne Hirten. Wenn ihr nicht weinen lernt, dann seid ihr keine guten Christen. Und das ist eine Aufgabe für euch.

Stoßen wir die Pforten des Trostes weit auf

Wenn wir getröstet sein wollen, müssen wir in unserem Leben Platz schaffen für den Herrn. Damit der Herr für immer in uns leben kann, müssen wir ihm die Tür öffnen und ihn nicht draußen stehen lassen. Ohnehin gibt es da die Pforten des *Trostes,* die wir immer offen lassen sollten, denn Jesus liebt es, durch diese einzutreten: das Evangelium, das wir täglich lesen und immer bei uns haben; das stille Gebet zur Andacht; die Beichte und die Eucharistie. Durch diese Pforten tritt der Herr ein und verleiht den Dingen einen neuen Geschmack. Aber wenn die Pforte des Herzens sich schließt, dringt sein Licht nicht bis zu uns vor, und wir bleiben im Dunkeln. Dann gewöhnen wir uns an den Pessimismus, an das Scheitern, an eine Wirklichkeit, die sich nie verändert. Und am Ende verschließen wir uns in der Traurigkeit, in den Unterströmungen der Angst, ganz allein in unserem Inneren. Wenn wir aber die Pforten des Trostes weit aufstoßen, dann tritt das Licht des Herrn ein!

Gott tut immer den ersten Schritt

Das Gute zieht uns immer an, die Wahrheit, das Leben, das Glück, die Schönheit, all das zieht uns an … Jesus ist der Punkt, an dem diese wechselseitige Anziehung ihr Maximum erreicht, diese doppelte Bewegung. Er ist Gott und Mensch zugleich: Jesus. Gott und Mensch. Aber wer übernimmt die Initiative? Immer Gott! Die Liebe Gottes kommt immer vor der unseren! Er ist es, der die Initiative ergreift. Er erwartet uns. Er lädt uns ein. Die Initiative liegt bei ihm. Jesus ist der Gott, der Mensch geworden ist. Er ist Fleisch geworden, ist unseretwegen in die Welt gekommen. Der neue Stern, der den heiligen drei Königen erschien, war das Zeichen für die Geburt Christi. Hätten sie den Stern nicht gesehen, wären sie nicht aufgebrochen. Das Licht geht uns voraus, die Wahrheit geht uns voraus, die Schönheit geht uns voraus. Gott geht uns voraus. Der Prophet Jeremia sagte, dass Gott sei wie die Mandelblüte. Warum? Weil in seinem Land der Mandelbaum als Erstes blüht. Und Gott ist immer vor uns da, er sucht als Erster. Er tut den ersten Schritt.

In Zeiten der Krankheit erkennen wir Gott »mit den Augen«

Auch wenn Krankheit, Einsamkeit und Unfähigkeit in dem uns geschenkten Leben die Oberhand gewinnen, kann die Erfahrung des Schmerzes zum auserwählten Ort werden, an dem uns die Gnade zuteilwird – eine Quelle für den Erwerb und die Stärkung der *sapientia cordis,* der Weisheit des Herzens. Und wir begreifen, weshalb Hiob, als seine schweren Erfahrungen vorüber sind, zu Gott sagt: »Vom Hörensagen nur hatte ich von dir vernommen, jetzt aber hat mein Auge dich geschaut.« (HIOB 42,5) Auch jene Menschen, die das Geheimnis des Schmerzes und des Leidens erfahren, das im Glauben empfangen wird, können zu lebendigen Zeugen eines Glaubens werden, der uns erlaubt, in diesem Leiden zu leben, obwohl die menschliche Intelligenz nicht fähig ist, dieses Geheimnis vollständig zu verstehen.

Die Hoffnung ist wie ein Helm

Sie ist ein Helm. Eben das ist die Hoffnung der Christen. Wenn wir von Hoffnung sprechen, dann können wir sie im herkömmlichen Sinne verstehen, also in Bezug auf etwas Schönes, das eintreten kann oder auch nicht. Wir hoffen eben, dass es passiert. Das ist eine Art Wunsch. Man sagt zum Beispiel: »Ich hoffe, dass es morgen schönes Wetter gibt!« Aber wir wissen, dass es auch regnen kann … Die christliche Hoffnung ist anders. Die christliche Hoffnung richtet sich auf etwas, das bereits geschehen ist. Da ist diese Pforte, und ich hoffe, dass ich dorthin gelange. Was muss ich dafür tun? Auf die Pforte zugehen. So ist die christliche Hoffnung: die Gewissheit haben, dass ich auf etwas zusteure, das da ist, nicht auf etwas, von dem ich mir wünsche, es möge da sein.

Warum ist Gott fröhlich?

Das fünfzehnte Kapitel des Evangeliums nach Lukas enthält die drei Gleichnisse für Barmherzigkeit: das vom verlorenen Schaf, das von der verlorenen Drachme und das längste aller Gleichnisse, das typisch ist für den heiligen Lukas: das vom Vater und den beiden Söhnen, den »verlorenen« Sohn und dem anderen, der sich als »gerecht« betrachtet, ja als heilig. Alle drei Gleichnisse erzählen von der Freude Gottes. Gott ist fröhlich. Interessant, nicht wahr? Gott ist freudvoll! Und wie sieht die Freude Gottes aus? Die Freude Gottes ist das Verzeihen. Vergeben! Es ist die Freude des Hirten, der sein Schaf wiederfindet. Es ist die Freude einer Frau, die ihre Münze wiederfindet. Es ist die Freude eines Vaters, der seinen Sohn zu Hause willkommen heißt, seinen Sohn, der tot war und nun wieder lebt und nach Hause zurückgekehrt ist. In dieser Erkenntnis steckt das ganze Evangelium! Genau hier! Hier spielt sich das ganze Christentum ab! Aber Vorsicht: Das hat nichts mit Sentimentalität zu tun, mit »Gutmenschentum«. Ganz im Gegenteil: Die Barmherzigkeit ist die wahre Kraft, die den Menschen und die Welt retten kann vor dem »Krebs« der Sünde, der moralischen Schlechtigkeit, der spirituellen Schlechtigkeit. Nur die Liebe kann die Leere füllen, die negativen Abgründe, die das Böse ins Herz und in die Geschichte reißt. Nur die Liebe bringt das zuwege, und das ist die Freude Gottes!

Die Angst ist ein schlechter Ratgeber

Eine junge Frau fragt:
Ich habe Ängste. Wovor haben Sie Angst?

Papst Franziskus antwortet:
Vor mir selbst! Angst ... denn im Evangelium wiederholt Jesus immer wieder: »Fürchtet euch nicht! Habt keine Angst!« So oft sagt er das. Und warum? Weil er weiß, dass Angst etwas Normales ist. Wir haben Angst vor dem Leben, vor unseren Herausforderungen, vor Gott ... Alle haben wir Angst. Du musst dir also keine Sorgen machen, weil du Ängste hast. Vielmehr solltest du akzeptieren, dass du sie verspürst, und dich fragen: »Warum habe ich Angst?« Und dann vor Gott und dir selbst versuchen, die Situation zu klären. Oder du bittest jemanden, dir dabei zu helfen. Angst ist kein guter Ratgeber, weil sie dir falsche Ratschläge erteilt. Sie drängt dich auf einen Weg, der nicht der richtige ist. Daher hat Jesus so oft wiederholt: »Fürchtet euch nicht! Habt keine Angst!« Dann müssen wir lernen, uns selbst zu erkennen: Jeder von uns muss sich selbst kennen und versuchen zu verstehen, in welchem Bereich er am weitesten in die Irre gehen kann. Und vor diesem Bereich ist ein bisschen Furcht schon angebracht. Denn es gibt eine gute und eine schlechte Angst. Die gute Angst ist eine Art Vorsicht. Wir lassen bei unserem Tun Vorsicht walten: »Schau mal, du bist da und da

besonders schwach. Also sei vorsichtig, damit du nicht
ins Straucheln kommst.« Die schlechte Angst ist eine,
die uns vernichtet, die uns auslöscht. Sie löscht uns aus,
weil wir mit ihr nichts mehr zuwege bringen: Das ist
eine schlechte Angst, die wir vor die Tür setzen sollten.

Vom »Falls« zum »Ja«

Die Episode mit den beiden Jüngern auf dem Weg nach
Emmaus (LK 24,13–35) ist eine Geschichte, die *unterwegs*
beginnt und unterwegs endet. Da ist die Hinreise der
Jünger, die traurig über das, was Jesus widerfahren war,
Jerusalem verließen und heim nach Emmaus gingen.
Das sind ungefähr elf Kilometer. Eine Reise, die man
tagsüber unternimmt. Es geht dabei meistens bergab.
Und dann ist da die Rückkehr der beiden: wieder elf
Kilometer, aber begonnen bei Einbruch der Nacht, und
das, obwohl es ständig bergauf geht und sie denselben
Weg schon tagsüber zurückgelegt hatten. Zwei Wege:
einer bequem am Tag und ein anderer, ermüdend, bei
Nacht. Und doch findet der erste in tiefer Traurigkeit
statt, während der zweite von Freude geprägt ist. Auf
dem Hinweg begleitet der Herr die Jünger, aber sie
erkennen ihn nicht. Auf dem Rückweg sehen sie ihn
nicht mehr, aber sie fühlen seine Nähe. Auf dem Hinweg waren sie untröstlich und ohne Hoffnung. Auf
dem Rückweg laufen sie beinahe, um den anderen die

frohe Botschaft von der Begegnung mit dem Auferstandenen zu bringen.

Diese beiden Wegstrecken, die von den ersten Jüngern Jesu zurückgelegt wurden, sagen uns, die wir heute Jesu Jünger sind, dass wir im Leben zwei Wege vor uns haben: Da ist der Weg derer, die sich von den Enttäuschungen des Lebens lähmen lassen wie die beiden Jünger und daher traurig durchs Leben gehen. Und dann ist da noch der Weg derer, die sich selbst und ihre Probleme nicht an erste Stelle setzen, sondern Jesus, der sie aufsucht, und die Brüder, die ihren Besuch erwarten. Jene Brüder, die erwarten, dass wir uns um sie kümmern. Das ist die Kehrtwende: aufhören, ständig ums eigene Ich zu kreisen, um die Enttäuschungen der Vergangenheit, die nicht verwirklichten Ideale, die vielen schlimmen Dinge, die im eigenen Leben passiert sind. Wie oft fühlen wir uns versucht, auf diese Weise um uns selbst zu kreisen ... Doch dieses Verhalten müssen wir ablegen, um in eine größere und wahrere Lebenswirklichkeit einzutreten: *Jesus lebt. Jesus liebt mich. Und ich kann etwas für andere tun.* Das ist die größere Wirklichkeit. Eine schöne, positive, strahlende Wirklichkeit! Die Kehrtwendung sieht so aus: Von den *Gedanken über mein Ich* gehe ich über *zur Wirklichkeit meines Gottes.* Wir gehen über *vom Falls zum Ja.*

Der Heilige Geist wirkt Wunder

»Aus dem Geist geboren werden« (JOH 3,6) heißt, durch
die Kraft des Heiligen Geistes geboren werden. Wir
können den Heiligen Geist nicht einfach zu uns nehmen. Wir müssen warten, dass er uns verwandelt.
Unsere Hingabe öffnet ihm die Pforte. Er ist es, der
den Wandel bewirkt, die Umwandlung, die Neugeburt
aus dem Geist. Und Jesus hat uns versprochen, uns den
Heiligen Geist zu schicken (APG 1,8). Der Heilige Geist
kann Wunder wirken, Dinge, die wir uns nicht einmal
ansatzweise vorstellen können.

Ein Beispiel ist die erste christliche Gemeinde, von
der die Apostelgeschichte berichtet. Das ist keine Fan-
tasiegeschichte, die da erzählt wird: Es ist vielmehr ein
Vorbild. Es ist das, was geschehen wird, wenn wir voller Hingabe den Heiligen Geist einlassen und uns von
ihm verwandeln lassen. Eine – sagen wir mal – »ideale«
Gemeinde. Es ist schon richtig, dass bald darauf die
Probleme losgingen, aber der Herr zeigt uns, wie weit
wir kommen können, wenn wir offen sind für den Heiligen Geist, wenn wir voller Hingabe sind. In dieser
Gemeinde herrschte Harmonie (APG 4,32–37). Der Heilige Geist ist der Meister der Harmonie. Er kann sie
schaffen, und dort hat er es getan. Auch in unserem
Herzen muss er sie schaffen. Er muss an uns so vieles
ändern, aber er bringt es zuwege: weil er selbst die Harmonie ist. Und mit dieser Harmonie schafft er Dinge

wie die erste christliche Gemeinde. Es stimmt, dass die Geschichte – die Apostelgeschichte – dann von vielen Schwierigkeiten im Herzen dieser Gemeinde erzählt. Trotzdem ist dies ein Vorbild für uns: Der Herr hat erlaubt, dass sich dieses Modell für eine quasi »himmlische« Gemeinde in dieser Form verwirklicht, um uns zu zeigen, was wir schaffen sollen.

Raus aus den engen Ecken

»Ihr seid das Licht der Welt.« Dieses Licht vertreibt die Dunkelheit und erlaubt uns zu sehen. Jesus ist das Licht, das die Dunkelheit vertreibt, auch wenn sie in der Welt überlebt und in einzelnen Menschen. Es ist die Aufgabe von uns Christen, sie zu vertreiben, indem wir das Licht Christi leuchten lassen und sein Evangelium verkünden. Diese Ausstrahlung zeigt sich in unseren Worten, vor allem aber in unseren »guten Werken«. Ein Jünger und eine christliche Gemeinde sind das Licht der Welt, wenn sie andere zu Gott führen und jedem Menschen helfen, seine Güte und Barmherzigkeit zu erfahren. Ein Jünger Jesu ist das Licht der Welt, wenn er jenseits der engen Ecken seinen Glauben leben kann, wenn er dazu beiträgt, Vorurteile zu zerstreuen, Verleumdungen auszumerzen und das Licht der Wahrheit in jenen Lebenslagen zu verbreiten, die von Heuchelei und Lüge geprägt sind. Das Licht anmachen. Aber

nicht *mein* Licht, sondern das Licht *Jesu:* Wir sind die
Werkzeuge, damit das Licht Jesu zu allen Menschen
gelangen kann.

Ohne dich die Nacht

»Wenn er mich befreit hätte, wenn Gott mich angehört
hätte, wenn das Leben so gelaufen wäre, wie ich mir
das vorstelle, wenn ich dies oder jenes hätte …« Lauter Klagen. Aber dieses ewige »Wenn« tut nicht gut. Es
ist nicht fruchtbar. Es hilft weder uns noch den anderen Menschen. Es ist ein bisschen so wie das Wenn der
beiden Jünger auf dem Weg nach Emmaus (LK 24,13–35).
Diese beiden aber gehen dann zum Ja über: »Ja, der
Herr lebt. Er geht mit uns. Ja, jetzt, nicht morgen,
machen wir uns auf, um seine Auferstehung zu verkünden.« »Ja, ich kann etwas tun, um die Menschen glück-
licher zu machen, um sie besser zu machen, um ihnen
zu helfen. Ja, ja, ich kann das.« Vom Wenn zum Ja, von
der Klage zur Freude und zum Frieden, denn wenn wir
uns beklagen, sind wir nicht in der Freude. Wir verfan-
gen uns im Grau, im grauen Nebel der Niedergeschla-
genheit. Und das hilft nicht, es lässt uns nicht einmal
wachsen.

Diese Kehrtwende vom Ich zu Gott, vom Wenn zum
Ja, wie hat sie sich bei den Jüngern vollzogen? *In der
Begegnung mit Jesus:* Die beiden Emmaus-Gänger öff-

nen ihm ihr Herz. Dann hören sie zu, wie er die Heilige Schrift erläutert. Dann laden sie ihn nach Hause ein. Das sind drei Phasen, die auch wir zu Hause umsetzen können: *Erstens,* Jesus unser Herz öffnen, ihm anvertrauen, was uns belastet, uns ermüdet, unsere Enttäuschungen. Ihm das »Wenn« anvertrauen. *Zweitens,* Jesus zuhören, das Evangelium zur Hand nehmen, den Text lesen, das 24. Kapitel des Evangeliums nach Lukas. *Drittens,* zu Jesus beten mit den gleichen Worten, die die Jünger sagen: »Bleib doch bei uns.« (VERS 29) Herr, bleib bei mir. Herr, bleib bei uns allen, weil wir dich brauchen, um den richtigen Weg zu finden. Ohne dich ist Nacht.

Christen ohne Ostern

Es gibt Christen, die die Fastenzeit leben, ohne sie durch das Osterfest zu beschließen. Mir ist durchaus bewusst, dass die Freude nicht in allen Lebensbereichen und unter allen, mitunter sehr harten Umständen auf die gleiche Weise gelebt werden kann. Sie passt sich an, sie verwandelt sich und bleibt doch immer dieser Lichtschimmer, der aus der persönlichen Gewissheit erwächst, unendlich geliebt zu werden, was auch immer geschehen mag. Ich verstehe die Menschen, die zur Traurigkeit neigen, weil sie ein so schweres Leben haben. Und doch müssen wir zumindest ein bisschen zulassen, dass die Freude des Glaubens zu erwachen beginnt, ein geheimes, aber festes Vertrauen, das auch inmitten der größten Ängste erwächst. »Du hast mich aus dem Frieden hinausgestoßen. Ich habe vergessen, was das Glück ist. Das will ich mir zu Herzen nehmen. Darauf darf ich harren: Die Huld des Herrn ist nicht erschöpft. Sein Erbarmen ist nicht zu Ende. Neu ist es an jedem Morgen. Groß ist deine Treue. Gut ist es, schweigend zu harren auf die Hilfe des Herrn.« (KLAGELIEDER 3,17,21–23,16)

»Danke« ist ein wunderschönes Gebet

Wir alle sind Träger der Freude. Habt ihr daran je gedacht? Dass auch du ein Träger der Freude bist? Oder willst du lieber schlechte Nachrichten bringen, die andere in Trauer stürzen? Wir alle sind fähig, Freude zu bringen. Dieses Leben ist ein Geschenk, das Gott uns gemacht hat: Und es ist zu kurz, um es in Trauer und Bitterkeit zu verbringen. Loben wir also den Herrn und seien wir zufrieden, weil wir leben. Richten wir unseren Blick auf das Universum, auf seine Schönheiten und auch auf unser Kreuz und sagen wir uns: »Du lebst. Du hast uns so gemacht, für dich.« Es ist wichtig, jene Unruhe des Herzens zu verspüren, die uns dazu drängt, Gott zu danken und ihn zu loben. Wir sind die Kinder des großen Königs, des Schöpfers, und wir erkennen seine Handschrift in der ganzen Schöpfung. Jener Schöpfung, die wir nicht bewahren. Aber diese Schöpfung trägt die Handschrift Gottes, der sie aus Liebe geschaffen hat. Möge der Herr uns das immer tiefer erfahren lassen und uns so zum Dankgebet geleiten. Und dieses »Danke« ist ein wunderschönes Gebet.

Die Kirche, Haus des Trostes

Wenn wir vereint sind, wenn wir in Kommunion leben, dann wird der Trost Gottes wirksam. In der Kirche findet sich Trost, sie ist das *Haus des Trostes:* Hier will Gott trösten. Wir können uns fragen: Trage ich, der/die ich in der Kirche bin, den Trost Gottes in die Welt? Kann ich den Anderen als Gast empfangen und jene trösten, die müde und enttäuscht sind? Selbst wenn der Christ Leid und Abschied erfährt, ist er aufgerufen, den Resignierten Hoffnung zu schenken und den Verzweifelten Lebensmut. Er ist aufgerufen, das Licht Jesu zu tragen, die Wärme seiner Präsenz, die Labsal seiner Vergebung. So viele Menschen leiden. Sie erleben Prüfungen und Ungerechtigkeiten. Sie leben in Sorge. Dazu braucht es die Salbung des Herzens, mit jenem Trost des Herrn, der die Probleme nicht fortnimmt, aber die Kraft der Liebe schenkt, sodass das Leid in Frieden getragen werden kann.

Lasst euch stets überraschen

Ein grundlegendes Element des Pfingsterlebens ist die *Überraschung.* Unser Gott ist ein Gott der Überraschungen, das wissen wir ja. Niemand erwartete noch etwas von den Jüngern: Nach dem Tod Jesu waren sie zu einer bedeutungslosen Gruppierung geworden, besiegt, Waisenkinder ihres Meisters. Und dann geschieht da plötzlich etwas völlig Unerwartetes, das rundum Staunen erweckt: Die Leute waren fassungslos, weil die Jünger in ihrer Sprache zu ihnen redeten und von den großen Werken des Herrn erzählten (APG 2,6–7; 2,11). Die Kirche, die zu Pfingsten geboren wird, ist eine Gemeinschaft, die das Staunen weckt, weil sie mit der Kraft, die ihr von Gott zufließt, eine neue Botschaft verkündet: die Auferstehung Christi. Und das in einer neuen Sprache – der universellen Sprache der Liebe. Den Jüngern wird von oben eine neue Kraft zuteil, sodass sie voller Mut sprechen – ein paar Augenblicke zuvor waren sie alle noch ängstlich. Nun aber sprechen sie furchtlos und frei, mit der Freiheit des Heiligen Geistes.

Zu diesem Dasein ist die Kirche stets aufgerufen: fähig sein zu überraschen, indem man allen verkündet, dass Jesus Christus den Tod besiegt hat, dass die Arme Gottes immer offen sind, dass seine Geduld immer da ist und auf uns wartet, um uns zu heilen, um uns zu vergeben. Eben aus diesem Grund hat der auferstandene Christus der Kirche seinen Geist verliehen.

Aber Vorsicht: Wenn die Kirche lebendig ist, muss sie überraschen. Diese Überraschung ist ein Merkmal der lebendigen Kirche. Eine Kirche, die nicht für Staunen sorgen kann, ist eine schwache Kirche, krank, todgeweiht. Dann muss sie zur Wiederbelebung auf die Intensivstation, und zwar schleunigst.

Lebenswichtige Elemente

Gott hat ein vielköpfiges Volk auf der ganzen Welt, das aus den Großeltern besteht. In der heutigen weltlichen Kultur, die in vielen Ländern vorherrscht, hat die momentane Elterngeneration keine christliche Bildung erhalten und damit auch nicht den lebendigen Glauben, den die Großeltern den Enkeln vermitteln können. Sie sind die unverzichtbaren Elemente, die Kinder und Jugendliche im Glauben erziehen. Wir sollten uns angewöhnen, sie in unseren seelsorgerischen Horizont aufzunehmen und sie, nicht nur kurzfristig, als eines der lebenswichtigen Elemente unserer Gemeinden begreifen. Die Großeltern sind nicht nur Menschen, die wir unterstützen und schützen müssen, damit sie ihr eigenes Leben führen können. Sie können zu einer lebendigen Kraft in der Pastoral der Evangelisierung werden, besondere Zeugen der getreuen Liebe Gottes.

Ein »Katalog« von Krankheiten

Ich glaube, ein solcher Katalog spiritueller Krankheiten nach dem Vorbild der Wüstenväter kann wirklich helfen:

1) *Die Krankheit derer, die sich als »unsterblich«, »immun« oder gar »unersetzlich« sehen:* Sie vernachlässigen nämlich die nötigen und üblichen Kontrollen. Eine Kurie, die nicht zur Selbstkritik fähig ist, die sich nicht erneuert, die nicht versucht, sich zu verbessern, ist ein kranker Körper. Ein einfacher Besuch auf dem Friedhof kann uns helfen, wenn wir die Namen all jener sehen, die sich vielleicht ebenfalls für unsterblich, immun und unersetzlich hielten! Es handelt sich hierbei um die Krankheit des uneinsichtigen Reichen im Evangelium, der ebenfalls dachte, er würde ewig leben (LK 12,13–21). Sie befällt auch all jene, die sich zu Herren aufschwingen und sich allen anderen überlegen fühlen, statt sich als deren Diener zu betrachten. Diese Krankheit entsteht häufig aus der Pathologie der Macht, aus dem »Erwähltheits-Komplex«, aus dem Narzissmus, der leidenschaftlich an seinem Selbstbild hängt und das Bild Gottes nicht erkennt, das sich im Gesicht seiner Mitmenschen zeigt, vor allem bei den Schwachen und Bedürftigen. Das Gegengift gegen diese Pandemie ist die Gnade, sich als Sünder zu fühlen und aus ganzem Herzen sagen zu können: »Wir

sind unnütze Sklaven. Wir haben nur unsere Schuldigkeit getan.« (LK 17,10)

2) *Die Krankheit des »Marthalismus« (abgeleitet von
Martha von Bethanien):* die Krankheit all jener, die
ständig betriebsam sind, die sich in die Arbeit stürzen
und dabei »das Bessere« vergessen: das Sitzen zu Füßen
Jesu. Aus diesem Grunde fordert Jesus die Jünger auf,
»sich ein wenig auszuruhen«. (MK 6,31) Denn die not-
wendige Ruhe zu vernachlässigen, führt zu Stress und
Unrast. Die Zeit des Ausruhens ist nötig, wenn man
seine Aufgabe erfüllt hat. Wir müssen sie ernst nehmen,
sie als unsere Pflicht betrachten: Wir müssen Zeit mit
unserer Familie verbringen und die Ferien als Moment
des spirituellen und körperlichen Wiederaufladens
leben. Wir müssen lernen, was das Buch Kohelet uns
lehrt: »Für jedes Geschehen unter dem Himmel gibt es
eine bestimmte Zeit.« (VERS 3,1)

3) *Die Krankheit der geistigen und spirituellen »Ver-
steinerung«:* Sie betrifft all jene, die ein Herz aus Stein
haben, einen »Betonschädel«. Menschen, die auf ihrem
Lebensweg die innere Gelassenheit einbüßen, die
Lebendigkeit und die Kühnheit. Menschen, die sich
hinter Akten verstecken und zu »Routinemaschinen«
werden, und nicht zu »Männern Gottes«. Es ist gefährlich, wenn wir die zutiefst menschliche Sensibilität verlieren, die uns mitweinen lässt, wenn Menschen traurig

sind, und mitfreuen, wenn sie glücklich sind! Es handelt sich hier um die Krankheit jener, die »die Gesinnung Jesu« verlieren, weil ihr Herz sich mit der Zeit verhärtet und nicht mehr fähig ist, den Vater und den Nächsten bedingungslos zu lieben. Christ zu sein heißt »so gesinnt zu sein, wie es dem Leben in Christus Jesus entspricht«. (PHIL 2,5) Und das sind Gefühle der Demut, des Sich-Verschenkens, der Loslösung vom Weltlichen und der Großzügigkeit.

4) *Die Krankheit der Planungssucht und des Funktionalismus:* Wenn der Apostel alles bis ins Detail plant und glaubt, dass mit diesem perfekten Plan alles bestens laufen wird, dann wird er zum Buchhalter, zum Beckmesser. Es ist nötig, alles gut vorzubereiten, ohne jedoch der Versuchung zu verfallen, der Freiheit des Heiligen Geistes die Wege vorzuzeichnen. Denn dieser ist immer größer und großzügiger, als je ein Mensch dies planen könnte. Wir verfallen in diese Krankheit, weil es immer einfacher und bequemer ist, sich auf die eigenen unveränderlichen und unbeweglichen Positionen zurückzuziehen. In Wirklichkeit erweist sich die Kirche dann als dem Heiligen Geist treu, wenn sie sich nicht einbildet, ihn lenken und zähmen zu können – den Heiligen Geist zu zähmen! Denn er ist Frische, Fantasie, Neuheit.

5) *Die Krankheit der fehlenden Koordination:* Wenn die Mitglieder einer Gemeinschaft nicht im Einklang

miteinander stehen, verliert der gemeinsame Körper an Harmonie, Funktionalität und Abstimmung. Er wird ein Orchester, das nur Misstöne hervorbringt, weil seine Musiker keinen Zusammenklang anstreben, weil sie nicht im Geist der Kommunion leben, sich nicht als Mannschaft sehen. Wenn der Fuß zum Arm sagt: »Ich brauche dich nicht.« Oder die Hand zum Kopf: »Ich bestimme hier«, so kann das nur zu Unglück und Ärgernis führen.

6) *Die Krankheit des »spirituellen Alzheimer«:* Wenn wir unsere höchstpersönliche Geschichte der Erlösung vergessen, unsere ureigenste Geschichte mit dem Herrn, der »allerersten Liebe«. Es geht dabei um einen fortschreitenden Verfall der spirituellen Gaben, der über kurz oder lang den Betroffenen schwere Probleme bereitet, weil sie nicht mehr fähig sind, irgendetwas unabhängig zu tun. Sie leben in einem Zustand vollkommener Abhängigkeit von ihren häufig illusorischen Ansichten. Wir sehen die Krankheit bei all jenen Menschen, die die Erinnerung an ihre Begegnung mit dem Herrn verloren haben. Die keinerlei »deuteronomischen« Blick auf das Leben mehr besitzen. Die vollkommen von ihrer Gegenwart, ihren Leidenschaften, ihren Marotten und Manien abhängig sind. Die um sich herum Mauern errichten und Gewohnheiten ausbilden und immer mehr zu Sklaven jener Götzenbilder werden, die sie mit eigener Hand geschaffen haben.

7) *Die Krankheit der Rivalität und der Geltungssucht:*
Wenn der äußere Schein, die Farben der Kleidung und
die Statussymbole zum Hauptziel des Lebens werden und wir die Worte des heiligen Paulus vergessen:
»Dass ihr nichts aus Ehrgeiz und Prahlerei tut. Sondern in Demut schätze einer den anderen höher ein als
sich selbst. Jeder achte nicht nur auf das eigene Wohl,
sondern auch auf das der anderen.« (PHIL 2,3–4) Diese
Krankheit macht uns zu falschen Männern und Frauen.
Wir leben einen falschen Mystizismus und einen falschen »Quietismus«. Der heilige Paulus bezeichnet
diese Menschen als »Feinde des Kreuzes Christi«, denn
»ihr Ruhm besteht in ihrer Schande; Irdisches haben sie
im Sinn«. (PHIL 3,18–19)

8) *Die Krankheit der existenziellen Schizophrenie:* Das
ist die Krankheit all jener Menschen, die ein Doppelle-
ben führen, das aus der typischen Heuchelei der Mittelmäßigen erwächst und aus der fortschreitenden
spirituellen Leere, die alle Doktortitel der Erde
nicht füllen können. Eine Krankheit, die häufig jene
Menschen befällt, die die Seelsorge vergessen und
sich auf allerlei Bürokratisches stürzen, worüber sie
den Kontakt mit der Wirklichkeit und mit konkreten Menschen verlieren. Sie schaffen sich eine Par-
allelwelt, wobei sie selbst nicht mehr beachten, was
sie anderen predigen, und ein heimliches und häufig lasterhaftes Leben beginnen. Diese Krankheit hat

gravierende Folgen, weshalb eine Umkehr dringend geboten ist.

9) *Die Krankheit von Klatsch, Tratsch und Geschwätz:* Über diese Krankheit habe ich schon oft gesprochen, aber trotzdem ist es nie genug. Auch hierbei handelt es sich um eine schwere Erkrankung, die ganz harmlos beginnt. Man redet hier, man redet dort. Und schon befällt die Krankheit den Sprecher und macht ihn zum »Sämann der Zwietracht« (gleich dem Teufel) und häufig auch zum »kaltblütigen Mörder« am Ruf von Kollegen und Mitmenschen. Es handelt sich um die Krankheit der Feigen, die nicht den Mut haben, jemandem etwas ins Gesicht zu sagen. Sie machen alles hintenherum. Der heilige Paulus ermahnt uns: »Tut alles ohne Murren und Bedenken, damit ihr rein und ohne Tadel seid.« (PHIL 2,14–15) Brüder und Schwestern, nehmen wir uns in Acht vor dem Terrorismus des Klatsches!

10) *Die Krankheit der Vergöttlichung der Vorgesetzten:* Hierbei handelt es sich um die Erkrankung all jener, die ihren Chefs schmeicheln, weil sie hoffen, so ihre Gunst zu gewinnen. Diese Menschen sind Opfer von Karrieredenken und Mitläufertum. Sie verehren Menschen, nicht Gott. Sie denken im Leben nur an das, was sie erhalten wollen, nie an das, was sie geben können. Armselige und unglückliche Menschen, nur vom eigenen fatalen Egoismus getrieben. Diese Krankheit befällt

aber auch die Vorgesetzten, wenn sie ihren Mitarbeitern schmeicheln, damit diese gehorchen, loyal sind und psychisch abhängig werden. Das Endergebnis ist eine gemeinsame Täterschaft.

11) *Die Krankheit der Gleichgültigkeit gegenüber den Mitmenschen:* Wenn jeder nur an sich selbst denkt und die Aufrichtigkeit und Wärme der Beziehungen zu seinen Mitmenschen aus den Augen verliert. Wenn der Experte sein Wissen nicht mehr in den Dienst der weniger gebildeten Kollegen stellt. Wenn man etwas Wichtiges in Erfahrung bringt, es aber für sich behält und nicht mit den anderen teilt. Wenn man aus Eifersucht oder Verschlagenheit Freude empfindet, wenn der andere strauchelt, statt ihm die Hand zu reichen und ihn zu ermutigen.

12) *Die Krankheit des finsteren Gesichts:* Hier geht es um mürrische, barsche Menschen, die glauben, um ernst genommen zu werden, müssten sie ein melancholisches, ernstes Gesicht ziehen und andere Menschen – vor allem die, die sie als »Untergebene« betrachten – mit Strenge, Härte und Arroganz behandeln. In Wirklichkeit ist so ein theatralischer Ernst, so ein steriler Pessimismus meist Anzeichen für Angst und Unsicherheit. Der Apostel aber sollte sich bemühen, stets höflich, gelassen, voller Begeisterung und Fröhlichkeit zu sein, sodass er überall Freude säen kann. Ein Herz, das voll

von Gott ist, ist ein glückliches Herz, das Strahlen der
Freude aussendet und damit alle in seinem Umfeld
ansteckt: So etwas sieht man sofort! Wir verlieren also
diesen Geist der Fröhlichkeit nicht, der voller Humor
und Selbstironie steckt. Der uns zu netten Menschen
macht, auch wenn die Situation schwierig sein sollte.
Eine ordentliche Portion Humor tut doch sehr gut! Es
ist gut für uns, wenn wir das Gebet um Humor des heiligen Thomas Morus beten. Ich bete es jeden Tag, und
es tut mir gut.

13) *Die Krankheit des Ansammelns:* Wenn der Apostel versucht, eine existenzielle Leere in seinem Herzen zu füllen, indem er materielle Güter anhäuft, nicht
weil er sie braucht, sondern weil er sich sicher fühlen
möchte. In Wirklichkeit können wir nichts Materiel-
les mitnehmen, denn »das letzte Gewand hat keine
Taschen«. All unsere irdischen Schätze – selbst wenn es
sich um Geschenke handelt – können diese Leere nicht
füllen. Ganz im Gegenteil: Sie verschärfen und ver-
tiefen sie noch. Diesen Menschen sagt der Herr: »Du
sagst: Ich bin reich. Ich habe mich bereichert. Mir fehlt
es an nichts. Aber du weißt nicht, dass du unglücklich
bist, ein Armseliger, ein Verarmter, blind und nackt.
Also zeige deinen Eifer und wandle dich.« Alles, was
wir ansammeln, beschwert uns nur. Es verlangsamt uns
auf unserem Weg! Ich denke dabei an eine Geschichte:
Früher bezeichneten die spanischen Jesuiten die Gesell-

schaft Jesu als »leichte Kavallerie der Kirche«. Ich erinnere mich noch gut daran, als ein junger Jesuit am
Umziehen war. Er schleppte seine vielen Besitztümer
zum Lastwagen: Gepäckstücke, Bücher, Geschenke.
Neben ihm stand ein älterer Jesuit, der ihn beobach-
tete und dann sagte: »Und das soll die leichte Kavallerie sein?« Unsere Umzüge zeigen sehr schön die Merk-
male dieser Krankheit.

14) *Die Krankheit der geschlossenen Zirkel:* Dabei wird
die Zugehörigkeit zu einer Gruppe wichtiger als die zur
gesamten Gemeinschaft, in manchen Fällen sogar wichtiger als die zu Christus. Auch diese Krankheit nimmt
ihren Anfang mit durchaus guten Absichten, aber mit
der Zeit versklavt sie die Befallenen und wird zum
Krebs, der die Harmonie des Körpers bedroht und viel
Leid – auch Skandale – verursacht, besonders für die
Geringsten unserer Brüder. Die Selbstzerstörung oder
der »Beschuss durch die Gefährten« ist diesbezüglich
die heimtückischste aller Gefahren. Denn diese Krankheit kommt von innen. Und wie Christus sagte: »Jedes
Reich, das in sich gespalten ist, wird veröden, und ein
Haus ums andere stürzt ein.« (LK 11,17)

15) Und die letzte, *die Krankheit der weltlichen
Gewinne und des Exhibitionismus:* Wenn der Apos-
tel seinen Dienst zur Machtstellung ausbaut und seine
Macht zur Ware, um weltliche Gewinne zu erzie-

len oder noch mehr Macht. Dies ist die Krankheit all jener Menschen, die immer mehr Macht wollen und dafür bereit sind, zu lügen, zu verleumden und andere anzuschwärzen, sogar in Zeitungen und Zeitschriften. Natürlich, um sich als tüchtiger hinzustellen als die anderen. Auch diese Krankheit schadet dem ganzen Körper, weil sie die Menschen dazu bringt, jedes Mittel für recht zu halten, um einen bestimmten Zweck zu erreichen – und das häufig noch im Namen der Gerechtigkeit und der Transparenz! An diesem Punkt fällt mir ein Priester ein, der Journalisten kontaktierte, um ihnen – private und geheime Dinge über seine Mitbrüder und seine Gemeindemitglieder zu erzählen, die er auch noch erfunden hatte. Für ihn war nur wichtig, dass er Schlagzeilen machte, denn dadurch fühlte er sich mächtig und stark. Er schadete vielen Menschen und auch der Kirche. Der Ärmste!

Liebe Geschwister, diese Krankheiten und Versuchungen sind natürlich eine Gefahr für jeden Christen und für jede Kurie, Gemeinschaft, Ordensgemeinschaft, Pfarrgemeinde, für jede kirchliche Bewegung, da sie sich sowohl am Einzelnen wie auch an der ganzen Gemeinschaft äußern.

Seid keine hohlen Puppen

Wie können die jungen Leute in unserer hektischen, auf Wettbewerb und Produktivität fixierten Zeit Raum schaffen für Gott? Personen, Gemeinschaften, ja eine ganze Gesellschaft können äußerlich hoch entwickelt sein, aber trotzdem ein verarmtes, eingeschränktes Innenleben haben, an Vitalität und Seele erloschen. Sie wirken wie Puppen, die nichts in sich haben. Alles langweilt sie. Es gibt junge Leute, die nicht mehr träumen. Es ist schlimm, wenn ein junger Mensch keine Träume hat, für seine Träume keinen Platz schafft, damit Gott dort eintreten kann, damit sich die Wünsche entfalten können und die Person ein fruchtbares Leben führt. Es gibt Männer und Frauen, die nicht mehr lachen können, die nicht spielen, die kein Gespür haben für das Wunder und das Staunen. Männer und Frauen, die leben wie die Zombies. Ihr Herz hat längst aufgehört zu schlagen. Warum? Weil sie das Leben nicht zusammen mit anderen feiern können. Hört auf diese Worte: Ihr werdet glücklich und fruchtbar sein, wenn ihr euch die Fähigkeit bewahrt, das Leben gemeinsam mit anderen Menschen zu feiern. Wie viele Menschen auf der Welt sind materiell reich und leben trotzdem wie die Sklaven einer Einsamkeit, die ihresgleichen sucht! Ich denke an die Einsamkeit, die viele Menschen erleben, ob sie nun jung sind oder alt, in unseren wohlhabenden Gesellschaften, die häufig anonym sind. Mutter Teresa, die mit den Ärmsten der Armen arbeitete, sagte einmal etwas, was nahezu prophetisch war. Einen höchst aufschlussreichen Satz: »Die Einsamkeit und das Gefühl, nicht geliebt zu werden, sind die schlimmste Armut überhaupt.«

Die Freude, die aus der Barmherzigkeit kommt

Die Kirche weiß das Handeln Gottes in anderen Religionen zu würdigen und »lehnt nichts von alledem ab, was in diesen Religionen wahr und heilig ist. Mit aufrichtigem Ernst betrachtet sie jene Handlungs- und Lebensweisen, jene Vorschriften und Lehren, die zwar in manchem von dem abweichen, was sie selber für wahr hält und lehrt, doch nicht selten einen Strahl jener Wahrheit erkennen lassen, die alle Menschen erleuchtet.« Doch als Christen können wir es nicht verbergen, »wenn die Musik des Evangeliums nicht mehr unser Inneres in Schwingung versetzt, werden wir die Freude verlieren, die aus dem Mitgefühl entsteht, die Zartheit, die aus dem Vertrauen kommt, die Fähigkeit zur Versöhnung, die ihre Quelle in dem Wissen hat, dass uns vergeben wurde und dass auch wir vergeben sollen. Wenn die Musik des Evangeliums in unseren Häusern, in der Öffentlichkeit, an unseren Arbeitsplätzen, in der Politik und der Wirtschaft nicht mehr zu hören ist, dann haben wir wohl die Melodie abgeschal-

tet, die uns herausfordert, für die Würde jedes Mannes und jeder Frau ungeachtet ihrer Herkunft zu kämpfen. Andere nähren sich aus anderen Quellen. Für uns
liegt die Quelle der Menschenwürde und Geschwisterlichkeit im Evangelium Jesu Christi. Aus diesem ›ent-
springt für das christliche Denken und für das Handeln
der Kirche der Primat, der der Beziehung vorbehalten
wird: der Begegnung mit dem heiligen Geheimnis des
anderen und der universalen Gemeinschaft mit der ganzen Menschheit als Berufung aller‹.«

Was uns von der
Traurigkeit befreit

Ein Strudel von Gedanken

DER PATRIARCH JAKOB ließ zuerst all seine Leute und sein ganzes Vieh über den Strom übersetzen, und das war nicht wenig. Dann blieb er allein am anderen Ufer zurück und überlegte, was wohl morgen alles auf ihn zukommen würde. Wie er sich seinem Bruder Esau gegenüber verhalten solle, den er um sein Erstgeburtsrecht betrogen hatte. In seinem Kopf ging es hin und her … Allmählich wurde es dunkel. Da kam plötzlich ein Unbekannter auf ihn zu und fing an, mit ihm zu ringen. Der Katechismus erklärt: »Die geistliche Überlieferung der Kirche hat darin ein Sinnbild des Gebetes gesehen, insofern dieses ein Glaubenskampf und ein Sieg der Beharrlichkeit ist.«

Jakob kämpft die ganze Nacht, ohne seinen Gegner loszulassen. Am Ende siegt er, wird jedoch von seinem Gegner am Ischias getroffen. Der Schlag hat zur Folge, dass er sein Leben lang hinkt. Der geheimnisvolle Fremde bittet den Patriarchen um seinen Namen und sagt: »Nicht mehr Jakob wird man dich heißen, sondern Israel (Gottesstreiter), denn mit Gott und Menschen hast du gerungen und hast gewonnen.« (GEN 32,29) Er wandelt seinen Namen, sein Leben und seine Haltung. Aber am Ende will auch Jakob etwas. »Nenne mir doch deinen Namen!« Was der andere nicht tut. Dafür segnet er ihn. Und Jakob begreift, dass er Gott begegnet ist »von Angesicht zu Angesicht«. (VERSE 32,30–31)

Mit Gott kämpfen: ein Sinnbild des Gebetes. An anderer Stelle zeigt Jakob sich fähig, mit Gott in einen Dialog zu treten, seine freundschaftliche Präsenz und Nähe zu fühlen. Aber in jener Nacht, mit diesem Kampf, der sich lange hinzieht und den Jakob fast verloren hätte, wird der Patriarch verwandelt. Ein geänderter Name, ein verändertes Leben, eine andere Persönlichkeit: Jakob wird verwandelt. Dieses eine Mal ist Jakob nicht Herr der Lage – seine Gerissenheit nützt ihm nichts. Er ist nicht mehr der berechnende Stratege. Gott wirft ihn zurück auf seine Wahrheit als Mensch, der zittert und Angst hat, weil Jakob bei diesem Kampf tatsächlich Furcht verspürte. Dieses eine Mal kann Jakob Gott nichts anderes anbieten als seine Zerbrechlichkeit, seine Ohnmacht und auch seine Sünden. Und es ist *dieser* Jakob, der von Gott den Segen erhält, mit dem er hinkend ins Gelobte Land geht: verwundbar, verwundet, aber mit einem neuen Herzen.

Jakob war vorher selbstsicher, er verließ sich immer auf seine Schläue. Er war nicht offen für die Gnade, unempfänglich für das Erbarmen. Er wusste nicht einmal, was Erbarmen ist und schon gar nicht, dass er es nötig hatte. »Hier bin ich. Ich erteile die Befehle!« Aber Gott hat das, was verloren war, gerettet. Er zeigte Jakob, dass er seine Grenzen hatte, dass er ein Sünder war, der das Erbarmen nötig hatte. Und so hat er ihn gerettet.

Die Wüste und die Samen des Guten

Wie oft scheint es so, als würden die Samen des Guten und der Hoffnung, die wir setzen, von den wuchernden Trieben des Egoismus, der Feindseligkeit und der Ungerechtigkeit erstickt, nicht nur um uns herum, sondern auch in unseren Herzen. Das Gefälle zwischen Reich und Arm in unseren Gesellschaften verstört uns. Wir sehen Zeichen, dass die Götzen des Reichtums, der Macht und der Lust angebetet werden, die im Leben der Menschen hohe Kosten verursachen. Um uns herum leiden viele unserer Freunde und Zeitgenossen trotz großen materiellen Wohlstands an spiritueller Armut, an Einsamkeit und einer stillen Verzweiflung. Fast scheint es, als sei Gott von diesem Horizont verschwunden. Als würde sich eine spirituelle Wüste über die ganze Welt ausbreiten. Sie betrifft auch die Jungen, raubt ihnen die Hoffnung und in vielen Fällen auch das Leben. Und doch ist dies die Welt, in der ihr aufgerufen seid, Zeugnis abzulegen für das Evangelium der Hoffnung, das Evangelium von Jesus Christus und das Versprechen auf sein Reich.

Was uns von der Traurigkeit befreit

Uns gegenseitig zu dienen, uns allen! Dann befreit der Herr uns von Ehrgeiz und Rivalität, die unsere Gemeinschaft untergraben. Er befreit uns vom fehlenden Vertrauen, von der Traurigkeit – denn diese Traurigkeit ist gefährlich, weil sie uns niederschmettert. Sie ist gefährlich, nehmt euch in Acht! Er befreit uns von Angst, von innerer Leere, von Isolation, vom Bedauern, von der Klage. Auch in unseren Gemeinschaften fehlt es nicht an negativen Einstellungen, die die Menschen selbstbezogen macht, sodass sie sich mehr darum kümmern, wie sie ihre Interessen verteidigen, als darum, wie sie geben können. Aber Christus befreit uns von diesem existenziellen Grauschleier: »Meine Hilfe und mein Retter bist du«, heißt es in Psalm 40 (VERS 18). Daher sind die Jünger, sind wir Jünger des Herrn, zwar selbst schwach und sündig – und das gilt für uns alle! –, aber wir sind aufgerufen, voller Freude und Mut unseren Glauben zu leben, die Gemeinschaft mit Gott und den Brüdern, die Anbetung Gottes, damit wir den Mut finden, den Prüfungen und Belastungen des Lebens voller Stärke entgegenzutreten.

In unseren Kämpfen

Gott selbst ist es, der die Initiative ergreift und beschließt, sich – wie bei Maria – hineinzumischen in unsere Häuser, unsere täglichen Kämpfe, die wir voller Ängste und Sehnsüchte führen. Und eben im Inneren unserer Städte, unserer Schulen und Universitäten, unserer Plätze und Krankenhäuser, vollzieht sich die schönste Verkündigung, die wir hören können: »Nur Mut, der Herr ist mit dir.« Eine Freude, die Leben schenkt, die Hoffnung gibt, die Fleisch wird in der Art, wie wir das Morgen ansehen, wie wir unsere Mitmenschen betrachten. Eine Freude, aus der Solidarität, Gastfreundschaft und Barmherzigkeit für alle erwachsen.

Ein ständiger Kampf

Das Leben als Christ ist ein ständiger Kampf. Es erfordert Mut und Kraft, den Versuchungen des Teufels zu widerstehen und das Evangelium zu verkünden. Dieser Kampf ist schön, weil er uns erlaubt zu feiern, wann immer der Herr in unserem Leben einen Sieg davonträgt.

Starke Wurzeln, um nicht
davongeweht zu werden

Ich habe schon schöne, junge Bäume gesehen, die ihre Zweige in den Himmel streckten, höher und immer höher. Sie schienen wie ein Lied der Hoffnung. Und dann, nach einem Sturm, habe ich sie leblos auf der Erde liegen sehen. Sie hatten ihre Äste ausgestreckt, aber keine Wurzeln gebildet. Und beim ersten Ansturm der Natur fielen sie um. Daher tut es mir weh, wenn ich sehe, wie man jungen Menschen vorschlägt, eine Zukunft ohne Wurzeln anzugehen, als würde die Welt gerade erst beginnen. Denn es ist unmöglich zu wachsen, wenn man keine starken Wurzeln hat, die uns helfen, auf den Beinen zu bleiben, fest in der Erde verankert. Man wird leicht weggeweht, wenn man nichts hat, woran man sich festhalten kann.

Kühn leben

Heilig sein heißt Parrhesia: Damit ist die Kühnheit gemeint und der Elan der Evangelisierung, der in der Welt Spuren hinterlässt. Damit dies möglich wurde, kam Jesus selbst uns entgegen und sagt uns ein ums andere Mal mit ebenso viel Gelassenheit wie Entschlossenheit: »Fürchtet euch nicht.« (MK 6,50) Und: »Ich bin bei euch alle Tage bis zum Ende der Welt.« (MT 28,20)

Diese Worte erlauben uns, voranzugehen und zu dienen in jener Haltung voller Mut, die der Heilige Geist in den Aposteln erweckte, jenen Mut, aus dem heraus sie Jesus Christus verkündeten. Kühnheit, Begeisterung, das freie Sprechen, der apostolische Eifer – all das findet sich im Wort von der Parrhesia, mit dem die Bibel auch die Freiheit eines offenen Daseins ausdrückt, weil dieses für Gott und die Geschwister da ist.

Menschen, die Berge versetzen

Auch wir als Apostel sagen zum Herrn: »Lass in uns den Glauben stark werden!« Ja, Herr, denn unser Glaube ist klein, unser Glaube ist schwach und zerbrechlich, aber wir bieten ihn dir trotzdem an, so wie er ist, damit du ihn stark machst. Und was antwortet uns der Herr? Er antwortet: »Wenn euer Glaube auch nur so groß wäre wie ein Senfkorn, würdet ihr zu diesem Maulbeerbaum sagen: ›Heb dich samt deiner Wurzeln aus dem Boden und verpflanz dich ins Meer!‹, und er würde euch gehorchen.« (LK 17,6) Das Senfkorn ist ein winziger Same. Und Jesus sagt uns, dass selbst ein so kleiner, aber wahrer und ehrlicher Glaube genügt, um Dinge zu vollbringen, die für uns Menschen unmöglich, undenkbar erscheinen. Und das ist wahr! Wir alle kennen ganz einfache, bescheidene Leute, die einen starken Glauben haben und daher Berge versetzen! Denken wir beispielsweise an die vielen Väter

und Mütter, die unter schwierigsten Umständen leben.
Oder an Kranke, die jedem, der sie besucht, ein Lächeln
auf die Lippen zaubern. Diese Menschen prahlen nicht
damit, eben aufgrund ihres Glaubens. Ganz im Gegenteil, sie sagen, wie Jesus uns rät: »Wir sind unnütze Sklaven, wir haben nur unsere Schuldigkeit getan.« Wie viele
Menschen unter uns haben diesen starken und bescheidenen Glauben, der so guttut!

Sich niemals geschlagen geben!

Eine der schwierigsten Versuchungen, die jeden Eifer
und jede Kühnheit ersticken, ist das Gefühl, geschlagen zu sein, das uns zu unzufriedenen Pessimisten mit
finsterem Gesicht macht, die jede Begeisterung verloren haben. Niemand kann in den Kampf ziehen, wenn
er sich den Triumph nicht zutraut. Wer ohne Vertrauen
beginnt, hat von vornherein die Hälfte der Schlacht
verloren und erstickt damit seine Talente. Auch wenn
wir uns schmerzlich unserer Zerbrechlichkeit bewusst
sind, müssen wir vorwärtsgehen, ohne uns geschlagen
zu geben, und daran denken, was der Herr dem heiligen
Paulus sagte: »Meine Gnade genügt dir, denn sie erweist
ihre Kraft in der Schwachheit.« (2 KOR 12,9) Der christliche Triumph ist immer ein Kreuz, aber ein Kreuz,
das gleichzeitig das Banner des Sieges ist, das sich mit
kämpferischer Zartheit dem Ansturm des Bösen ent-

gegenstellt. Der böse Geist der Niederlage ist der Bruder der Versuchung, vor der Zeit das Unkraut vom Korn zu trennen, was auf eine ängstliche, egozentrische Haltung hinweist, der es an Vertrauen fehlt.

Ein Licht, das nie verlischt

Auch in unserem Leben gibt es die unterschiedlichsten Sterne, Lichter, die uns leuchten und uns den Weg weisen. Wir müssen uns entscheiden, welchen wir folgen wollen. Zum Beispiel gibt es da die *Blinklichter,* die kommen und gehen, wie die kleinen Befriedigungen im Leben: Auch wenn sie gut sind, genügen sie nicht, weil sie von kurzer Dauer sind und nicht zu jenem Frieden führen, den wir suchen. Dann gibt es das *grelle Licht der Bühnenscheinwerfer,* des Geldes und des Erfolgs: Sie versprechen alles, und das sofort. Sie sind verführerisch, aber ihre Kraft blendet, sodass wir vom Glanz des Ruhms bald abstürzen in die tiefste Dunkelheit. Die Heiligen Drei Könige aber folgten *einem beständigen, sanften Licht,* das nie aufhörte zu leuchten, weil es nicht von dieser Welt ist: Es kommt vom Himmel und es strahlt … wo? Im Herzen.

Dieses wahre Licht ist das Licht des Herrn oder besser noch: *Es ist der Herr selbst.* Er ist unser Licht: ein Licht, das nicht blendet, aber uns immer begleitet und uns eine einzigartige Freude schenkt.

Wahrhaft frei sein

Angesichts des Drucks der Ereignisse und der wechselnden Moden finden wir alleine nie den richtigen Weg. Und selbst wenn wir ihn finden würden, haben wir nicht genug Kraft, um darauf vorwärtszugehen und mit all den Steigungen und Hindernissen fertig zu werden. Und hier erfolgt die Einladung des Herrn Jesus: »Wenn du willst, folge mir.« Er lädt uns ein, um uns auf dem Weg zu begleiten, nicht um uns auszunutzen oder uns zu Sklaven zu machen, sondern um uns zu befreien. Das ist tatsächlich so. Nur *gemeinsam mit Jesus,* indem wir ihn bitten und ihm folgen, finden wir eine klare Vision und die Kraft, sie vorwärtszubringen. Er liebt uns wirklich. Er hat uns ein für alle Mal erwählt. Er hat sich ein für alle Mal jedem von uns gegeben. Er ist unser Beschützer, der größere Bruder, und er wird unser einziger Richter sein. Wie schön es doch ist, die Wechselfälle des Lebens in der Gemeinschaft mit Jesus anzugehen, in der seine Person und seine Botschaft uns zur Seite stehen! Er nimmt uns nicht unsere Unabhängigkeit oder unsere Freiheit. Ganz im Gegenteil, indem er unsere Brüchigkeit stärkt, erlaubt er uns, wahrhaft frei zu sein: frei, das Gute zu tun, und weiterhin darin stark zu sein, fähig zum Verzeihen, fähig, um Vergebung zu bitten. Das ist unser Begleiter Jesus, das ist der Herr!

Der Mangel an Hoffnung

Heute werden wir Zeugen eines bedauerlichen Mangels an Hoffnung. So viele Wunden, so viele unerfüllte Leerstellen, so viel untröstlicher Schmerz! Lasst uns also zu Übersetzern werden für den Trost des Heiligen Geistes. Übermitteln wir die Hoffnung, und der Herr wird uns auf unseren Pfaden neue Wege aufzeigen.

Und noch etwas über unsere Wege möchte ich mit euch teilen: Ich wünsche mir, dass wir als Christen noch mehr und vor allem gemeinsam zu *Zeugen der Barmherzigkeit* für die so hart geprüfte Menschheit werden. Bitten wir den Heiligen Geist um Einigkeit, denn wir werden den Geist der Geschwisterlichkeit nur dann vermitteln können, wenn wir sie unter uns leben. Wir können von der Menschheit nicht verlangen, dass sie einig ist, wenn wir selbst einen anderen Weg einschlagen. Also beten wir füreinander und übernehmen wir Verantwortung füreinander.

In die Arme Gottes geworfen

Gott liebt dich. Wenn du das Gefühl kennst, macht das nichts, ich will es dir trotzdem ins Gedächtnis rufen: Gott liebt dich. Daran darfst du nie zweifeln, was auch immer dir im Leben geschehen mag. Unter welchen Umständen auch immer, du wirst unendlich geliebt.

Vielleicht ist die Erfahrung mit deinem Vater nicht die beste gewesen. Vielleicht war dein irdischer Vater distanziert und abwesend oder im Gegenteil dominant und besitzergreifend. Oder er war einfach nicht der Vater, den du gebraucht hättest. Ich weiß es nicht. Doch ich kann dir mit Gewissheit sagen, dass du dich mit absoluter Sicherheit dem göttlichen Vater in die Arme werfen kannst, jenem Gott, der dir das Leben geschenkt hat und der es dir in jedem Augenblick wieder gibt. Er wird dich sicher halten, und gleichzeitig wirst du spüren, dass er deine Freiheit zutiefst annimmt.

Für ihn bist du wahrhaft wertvoll. Du bist nicht bedeutungslos, sondern ausgesprochen wichtig.

Stärke heißt, nicht den Mut zu verlieren

An allen Tagen unseres Lebens müssen wir stark sein. Wir brauchen diese Stärke, um unser Leben, unsere Familie und unseren Glauben voranzubringen. Vom Apostel Paulus stammt jener Satz, der uns in dieser Hinsicht weiterhilft: »Alles vermag ich durch ihn, der mir Kraft gibt.« (PHIL 4,13) Wenn wir uns dem Alltag stellen müssen, wenn die Schwierigkeiten anfangen, sollten wir uns erinnern: »Alles vermag ich durch ihn, der mir Kraft gibt.« Der Herr schenkt uns Stärke, immer. Er lässt es uns nicht daran fehlen. Der Herr prüft uns nicht härter, als wir ertragen können. Er ist immer mit uns. »Alles vermag ich durch ihn, der mir Kraft gibt.«

Manchmal fühlen wir uns vielleicht versucht, der Faulheit nachzugeben oder, noch schlimmer, der Trostlosigkeit, vor allem, wenn das Leben uns vor Prüfungen stellt. In all diesen Fällen aber dürfen wir nicht den Mut verlieren. Rufen wir den Heiligen Geist an, damit er uns mit der Gabe der Stärke das Herz erhebt und uns neue Kraft schenkt, neue Begeisterung für unser Leben und für unseren Glauben an Jesus.

Wer Licht will, muss nach draußen gehen

Wer Licht will, sollte aus sich heraustreten und es suchen: nicht hinter verschlossenen Türen bleiben und zusehen, was um ihn herum passiert. Vielmehr das eigene Leben aufs Spiel setzen und aus sich herausgehen. Das Leben als Christ ist eine *ständige Wanderschaft,* die auf Hoffnung setzt und sich auf die Suche macht. Eine Wanderschaft, die – wie die der Heiligen Drei Könige – auch nicht aufhört, wenn der Leitstern kurzfristig aus dem Blickfeld gerät. Auf dieser Wanderung geraten wir auch in Hinterhalte, die es zu vermeiden gilt: oberflächliches und weltliches Geschwätz, das uns langsamer macht; die lähmenden Launen des Egoismus; die Schlaglöcher des Pessimismus, in denen sich die Hoffnung verfängt.

Die Steine aus dem Weg räumen

Auch heute ermahnt Jesus uns noch: »Nehmt den Stein weg.« Gott hat uns nicht für das Grab geschaffen, sondern für ein schönes, gutes, freudvolles Leben. Aber »durch den Neid des Teufels kam der Tod in die Welt«, sagt das Buch der Weisheit (2,24), und Jesus Christus ist gekommen, um uns aus seinen Fesseln zu befreien.

Wir sind also aufgerufen, jene Steine zu entfernen, die nach Tod schmecken: Die Heuchelei zum Beispiel, mit der man den Glauben lebt, ist ein Tod. Destruktive Kritik an unseren Mitmenschen ist ein Tod. Beleidigungen und üble Nachrede sind Tode. Die Verdrängung des Armen aus unserer Mitte ist ein Tod. Der Herr verlangt von uns, dass wir diese Steine von unserem Herzen fortwälzen, dann wird das Leben um uns herum wieder aufblühen. Christus lebt, und wer ihn empfängt und sich an ihn hält, tritt ein in die Verbindung mit dem Leben. Ohne Christus oder außerhalb von Christus ist nicht nur das Leben abwesend: Man verfällt auch dem Tode.

Die Zeit des Mutes

Heute ist die Zeit des Mutes! Mut, die taumelnden Schritte zu verstetigen; erneut Freude daran zu finden, sich für das Evangelium hinzugeben; und Vertrauen zu fassen in die Kraft, die aus dieser Mission erwächst. Es ist die Zeit des Mutes, auch wenn Mut nicht heißt, dass der Erfolg garantiert ist. Wir brauchen den Mut, um zu kämpfen, nicht unbedingt um zu gewinnen; um die Verkündigung zu meistern, nicht die Missionierung. Wir brauchen den Mut, um der Welt eine Alternative zu bieten, ohne dabei polemisch oder aggressiv zu werden. Wir brauchen den Mut, um uns für alle zu öffnen, ohne je die Absolutheit und Einzigartigkeit Christi zu schmälern, der einzige Erlöser aller Menschen. Wir brauchen den Mut, um dem Unglauben zu widerstehen, ohne dabei in Stolz zu verfallen. Wir brauchen den Mut jener Verkünder des Evangeliums, die demütig nicht wagen, die Augen zum Himmel zu erheben, sondern sich an die Brust schlagen und sagen: »Oh Herr, habe Mitleid mit mir, der ich ein Sünder bin.« Heutzutage ist die Zeit des Mutes angebrochen! Heute brauchen wir Mut!

Scham tut gut

Auch die Scham hat ihr Gutes, denn es ist gesund, sich ein bisschen zu schämen. Sich zu schämen, kann heilsam sein. Wenn ein Mensch keine Scham empfindet, sagt man in meinem Land, er sei »sin vergüenza«, »schamlos«. Dabei tut die Scham durchaus gut, weil sie uns demütiger macht. Der Priester nimmt dieses Geständnis voller Liebe und Zärtlichkeit auf und vergibt uns im Namen Gottes. Auch aus der Sicht der Menschen tut es gut, dem Priester die eigenen Sünden zu gestehen, um sich all das von der Seele zu reden, was uns das Herz beschwert. Und man spürt, dass man sich vor Gott, vor der Kirche und vor dem Nächsten keine Grenzen aufzuerlegen braucht. Habt keine Angst vor der Beichte! Während man wartet, bis man den Beichtstuhl betreten kann, spürt man all diese Dinge, auch die Scham. Aber wenn die Beichte vorüber ist, dann verlässt man den Beichtstuhl frei, groß, schön, rein und glücklich, weil einem vergeben ist. Und das ist das Schöne an der Beichte! Ich möchte euch fragen: Wie lange liegt deine letzte Beichte zurück? Jeder soll darüber nachdenken ... Zwei Tage, zwei Wochen, zwei Jahre, zwanzig Jahre, vierzig Jahre? Und wenn wirklich so viel Zeit vergangen ist, solltest du jetzt keinen Tag mehr verlieren. Geh zur Beichte, denn der Priester wird gut zu dir sein. Du wirst dort auf Jesus treffen, und Jesus ist der gütigste der Priester. Jesus nimmt dich in Empfang, er empfängt dich mit so viel Liebe. Habe den Mut und gehe zur Beichte.

Wer ein Risiko eingeht, verliert nicht

Wer ein Risiko eingeht, den enttäuscht der Herr nicht. Und wenn er einen kleinen Schritt auf Jesus zu tut, wird er entdecken, dass dieser seine Ankunft längst mit offe-

nen Armen erwartet. Das ist der Augenblick, um Jesus
zu sagen: »Herr, ich habe mich täuschen lassen. Ich bin
auf tausendfache Weise vor deiner Liebe geflohen, aber
nun bin ich wieder da, um meine Bindung an dich zu
stärken. Ich brauche dich. Befreie mich erneut, Herr,
und nimm mich auf in deine erlösende Umarmung.« Es
tut uns gut, zu unserem Herrn zurückzukehren, wenn
wir in die Irre gegangen sind!

Das Gebet ist die Saat des Lebens

Ich erinnere mich an die Geschichte eines Mannes: Er war ein Staatschef und folglich ein wichtiger
Mann, nicht in unseren Tagen, sondern in der Vergangenheit. Ein Atheist, der keinerlei Sinn für Religion
hatte. Als Kind aber hatte er immer seine Großmutter
beten hören, und das hat er im Herzen behalten. Und
in einem schwierigen Augenblick seines Lebens kam
ihm dies wieder in den Sinn, und er sagte sich: »Aber
Oma hat doch immer gebetet …« Und so fing auch er
an zu beten mit den Worten, die er bei seiner Großmutter gehört hatte. In ihnen fand er Jesus. Das Gebet
ist eine lebendige Kette, seit jeher: Die vielen Männer
und Frauen, die beten, säen das Leben. Das Gebet, das
kleine Stoßgebet, ist die Saat des Lebens: Aus diesem
Grund ist es auch so wichtig, Kindern das Beten bei-
zubringen. Mich schmerzt es, wenn ich sehe, dass man-

che Kinder kein Kreuzzeichen mehr machen können.
Wir müssen sie das lehren, denn dies ist das allererste
Gebet. Es ist wichtig, dass die Kinder beten lernen. Später vergessen sie es vielleicht und schlagen einen anderen Weg ein. Aber die ersten Gebete, die man als Kind
lernt, bleiben für immer in unseren Herzen, weil sie
die Saat des Lebens sind, der Same des Zwiegesprächs
mit Gott.

Mit dem Herzen sehen können

Jesus hatte Freunde. Er liebte alle Menschen, aber er
hatte Freunde, zu denen er eine besondere Beziehung
einging, wie das mit Freunden so ist, eine Beziehung
mit mehr Liebe, mit mehr Vertrauen ... Und er blieb
häufig im Haus dieser Brüder und Schwestern: Lazarus, Martha, Maria ...

Jesus schmerzte die Krankheit und der Tod seines
Freundes Lazarus. Er kam an sein Grab und war tief
berührt. Daher fragte er: »Wo habt ihr ihn bestattet?«
(JOH 11,34) Und dann brach er in Tränen aus. Jesus, Gott,
aber trotzdem Mensch, weinte. Und noch an anderer
Stelle berichtet das Evangelium, dass Jesus weinte: über
Jerusalem (LK 19,41-42). Und mit wie viel Zartgefühl er
weinte! Aus ganzem Herzen, vor lauter Liebe weinte
er mit den Seinen, die ebenfalls weinten. Vielleicht hat
er in seinem Leben ja öfter geweint – wir wissen das

nicht. Ganz sicher aber weinte er am Ölberg. Doch Jesus weint immer aus Liebe.

Er war tief gerührt und erschüttert, daher weinte er. Wie oft hören wir im Evangelium von der Rührung Jesu: »Als er die vielen Menschen sah, hatte er Mitleid mit ihnen.« (MT 9,36; 13,14) Jesus kann die Menschen nicht sehen, ohne Mitleid zu fühlen. Seine Augen sehen mit dem Herzen. Jesus sieht mit den Augen, aber er schaut mit dem Herzen, und er ist fähig zu weinen.

Heute, im Angesicht dieser Welt, die so sehr leidet, und all der Menschen, die von den Auswirkungen der Pandemie betroffen sind, muss ich mich fragen: Bin ich fähig zu weinen, wie Jesus es ganz sicher getan hätte und tut? Ist mein Herz dem Jesu ähnlich? Und wenn es zu verhärtet ist, wenn ich reden kann, Gutes tun, helfen, aber nicht weinen, dann muss ich diese Gnade vom Herrn erbitten. Herr, möge ich mit dir weinen, mit deinem Volk, das in diesem Augenblick leidet. Heute weinen viele Menschen. Und wir, vor diesem Altar, vor dem Opfer Jesu, eines Jesus, der sich nicht schämte zu weinen, bitten wir um die Gnade der Tränen.

Keine Zeit zum Schlafen!

Zehn junge Frauen erwarteten die Ankunft des Bräutigams, aber dieser kommt zu spät, und so schlafen sie ein. Als es dann heißt, der Bräutigam sei nahe, machen sie sich bereit, um ihn zu empfangen. Fünf von ihnen waren klug und haben Öl mitgebracht, um die eigenen Lampen damit zu füllen. Die anderen waren nicht klug, und so stehen sie nun da mit leeren Lampen. Und während sie noch nach dem Öl suchen, trifft der Bräutigam ein, und die törichten Jungfrauen finden das Tor verschlossen, das zur Hochzeitsfeier führt. Sie klopfen und klopfen, aber nun ist es zu spät. Der Bräutigam antwortet: »Ich kenne euch nicht.« Der Bräutigam ist der Herr, und die Zeit, die man auf seine Ankunft wartet, ist die Zeit, die er uns gibt. Uns allen, voller Mitleid und Geduld, bevor er dann letztlich kommen wird. Es ist eine Zeit der Wachsamkeit, in der wir die Lampen des Glaubens, der Hoffnung und der Barmherzigkeit am Leuchten halten müssen. In der wir unser Herz für das Gute öffnen, für die Schönheit und die Wahrheit. Eine Zeit, in der wir nach Gottes Gebot leben, weil wir weder den Tag noch die Stunde kennen, zu der Christus wiederkehrt. Man verlangt von uns nur, bereit zu sein für diese schöne Begegnung mit Jesus. Und das heißt, die Zeichen seiner Präsenz zu erkennen, den Glauben am Leben zu halten mit dem Gebet, mit den Sakramenten. Und immer wachsam zu sein, damit wir nicht einschlafen und Gott vergessen. Das Leben der schlafenden Christen ist ein trauriges Dasein, kein glückliches. Der Christ muss glücklich sein. Daher lasst uns nicht schlafen!

Herr der Gefühle

Was denke ich, bevor ich mich schlafen lege? Manchmal gibt es gar keine Gelegenheit, an etwas zu denken: *Bumm*, fällst du in den Schlaf, weil du unglaublich müde bist. Das passiert euch vermutlich auch. Normalerweise ziehe ich es vor, früher zu Bett zu gehen, damit ich kurz innehalten kann und überlegen, was den ganzen Tag über in meinem Herzen geschehen ist. Welche Gefühle. Und ich frage mich: Warum hatte ich dieses Gefühl in dieser Situation? Und das andere in einer anderen Lage? Warum bin ich auf diese Person wütend geworden? Und warum hat die andere mir das Herz erweicht? Ich versuche immer, klar zu sehen, was im Herzen passiert. Das hilft mir wirklich sehr, weil ich manchmal dahinterkomme, dass meine Gefühle nicht gut waren. Ich finde die Wurzeln des Egoismus, manchmal sogar des Neides … Ja, auch ich! Wir alle haben diese hässlichen Seiten! Aber ich finde auch die Wurzeln des Guten. Ich will nicht, dass mein Herz zur Autobahn wird, auf der die Gefühle kommen und gehen, ohne dass ich versuche, sie zu verstehen … Nein, es ist richtig, sich dafür Zeit zu nehmen. Ich mache das so. Ich nehme mir das bisschen Zeit, normalerweise weniger als zehn Minuten. Und ich versuche zu analysieren, was in meinem Herzen geschehen ist und was die Gefühle bedeuten, die ich hatte. Und so nehme ich die schönen Dinge an und danke dem Herrn dafür. Und ich untersuche die hässlichen Dinge, damit sie sich nicht wiederholen. Oder ich versuche herauszufinden, was sich überhaupt tagsüber in mir abgespielt hat, ich sehe mir meine Gefühle an. Das ist wirklich sehr wichtig. Mitunter konzentrieren wir uns nur auf unsere Gedanken und sagen uns: »Das habe ich gedacht ...« Aber was hast du gefühlt? Das tut wirklich gut. Man wird zum Herrn über seine Gefühle. Nicht, um sie irgendwie zu beeinflussen, sondern um herauszufinden, was sie bedeuten und welche Botschaft sie mir bringen.

Die Kirche braucht ...

Ich sage euch, was die Kirche braucht: euch, eure Mitarbeit und noch vorher die Einigkeit mit mir und unter euch. Die Kirche braucht euren Mut, damit ihr das Evangelium bei jeder passenden und unpassenden Gelegenheit verkündet, um Zeugnis abzulegen für die Wahrheit. Die Kirche braucht euer Gebet, damit die Herde Christi den richtigen Weg nimmt. Das Gebet – das sollten wir doch nicht vergessen –, das seit der Verkündung des Wortes die wichtigste Aufgabe des Bischofs ist. Die Kirche braucht euer Mitgefühl vor allem in diesem Augenblick des Schmerzes und des Leidens in so vielen Ländern der Welt. Zeigen wir unsere spirituelle Nähe zu den kirchlichen Gemeinschaften, zu den Christen, die Verfolgung und Diskriminierung erdulden müssen.

Wir müssen gegen jede Art der Diskriminierung kämpfen! Die Kirche braucht unser Gebet für diese Menschen, damit sie stark im Glauben sind und das Böse mit dem Guten beantworten. Und dieses, unser Gebet dehnt sich aus auf jeden Mann und jede Frau, die aufgrund ihrer religiösen Überzeugungen Ungerechtigkeit erleiden.

Die Kirche braucht uns auch, damit wir zu Menschen des Friedens werden und mit unseren Werken, unseren Wünschen, unseren Gebeten für den Frieden eintreten. Wir müssen zu Handwerkern des Friedens werden! Aus diesem Grund flehen wir um Frieden und Versöhnung für alle Völker, die in diesen Zeiten von der Gewalt erschüttert werden, von Ausgrenzung und Krieg.

Das Lob der Unruhe

Die Liebe Gottes und unsere Beziehung zum lebendigen Christus hindern uns nicht daran zu träumen. Sie verlangen nicht von uns, dass wir unsere Horizonte verengen. Ganz im Gegenteil, diese Liebe spornt uns an, stimuliert uns, richtet uns aus auf ein besseres und schöneres Leben. Der Begriff »Unruhe« umfasst viele Neigungen in den Herzen junger Menschen. Wie sagte doch Paul VI.: »Gerade in der Unzufriedenheit, die sie plagt, liegt ein Element des Lichts.« Die unzufriedene

Unruhe und das Staunen über das Neue, das sich am Horizont zeigt, bahnen der Kühnheit den Weg, sodass die jungen Leute ihr Leben in die Hand nehmen und sich einer Mission widmen. Diese heilige Unruhe, die sich vor allem in der Jugend meldet, ist auch später das Kennzeichen all jener Herzen, die jung, offen und empfänglich bleiben. Der wahre innere Friede geht mit dieser tiefen Unzufriedenheit einher. Und der heilige Augustinus sagte: »Denn zu dir hin hast du uns geschaffen, und unruhig ist unser Herz, bis es ruhet in dir.«

Die Freude
hat das letzte Wort

Freut euch!

»FREUT EUCH UND JUBELT!« (MT 5,12) Das sagt Jesus
all jenen, die seinetwegen verfolgt oder gedemütigt
werden. Der Herr fordert alles, und was er uns bietet,
ist das wahre Leben, das Glück, für das wir geschaffen wurden. Er will uns heilig und erwartet nicht von
uns, dass wir uns mit einer mittelmäßigen, verwässer-
ten, haltlosen Existenz begnügen.

Kontemplation über Jesus voller Freude!

Betrachte den glücklichen Jesus, der voller Freude ist.
Freue dich mit deinem Freund, der triumphiert hat. Sie
haben den Heiligen, den Gerechten, den Unschuldigen
hingerichtet, aber er hat gesiegt. Das Böse hat nicht das
letzte Wort. Nicht einmal in deinem Leben wird das
Böse je das letzte Wort haben, denn dein Freund, der
dich liebt, will auch in dir triumphieren. Dein Erlöser
lebt.

Wenn er lebt, dann ist dies eine Garantie, dass das
Gute sich auch in unserem Leben Bahn brechen kann
und unsere Mühen einen Sinn haben. Dann können
wir endlich aufhören, uns zu beklagen, und den Blick
wieder nach vorne richten, denn mit ihm können wir
immer nach vorne schauen. Das ist die Gewissheit, die
wir haben. Jesus ist ewig der Lebende. Wenn wir uns

an ihn halten, werden wir leben und gehen schadlos aus allen Formen des Todes und der Gewalt hervor, die auf unserem Weg lauern mögen.

Jede andere Lösung wäre schwach und kurzfristig. Vielleicht erweist sie sich für kurze Zeit als nützlich, dann aber werden wir wieder schutzlos, verlassen und allen Unbilden ausgesetzt sein. Mit ihm aber ist unser Herz in der grundlegenden Gewissheit verwurzelt, die uns jenseits von allem erhalten bleibt.

Heiliger Vater, sind Sie glücklich?

Ein junger Mann fragt:
Jeder auf dieser Welt strebt nach Glück. Aber wir haben uns gefragt: Sind Sie glücklich? Und warum?

Papst Franziskus antwortet:
Absolut, hundertprozentig, ich bin glücklich. Und ich bin glücklich, weil … ich weiß nicht warum … vielleicht weil ich Arbeit habe, nicht arbeitslos bin. Meine Arbeit ist der Beruf des Hirten! Ich bin glücklich, weil ich im Leben meinen Weg gefunden habe, und diesen Weg zu gehen, macht mich glücklich. Außerdem ist dies ein sehr ruhiges Glück, weil das Glück in diesem Alter nicht das gleiche ist wie in der Jugend. Da gibt es einen Unterschied. Es ist ein innerer Friede, ein großer Friede, ein Glück, das auch mit dem Alter kommt. Und

es kommt auch, wenn der Weg dorthin viele Probleme bereitet hat. Solche Probleme gibt es auch jetzt noch, aber das Glück verschwindet nicht, wenn sich Probleme einstellen. Nein, dieses Glück erkennt die Probleme, leidet darunter und geht dann weiter. Es macht etwas, um die Probleme zu lösen, und lässt sie hinter sich. Tief im Herzen liegt dieser Frieden, dieses Glück. Beides ist eine Gnade Gottes, tatsächlich, in meinen Augen. Eine Gnade. Ohne eigenes Verdienst.

Was das Herz erfüllt

Die Freude des Evangeliums erfüllt das Herz und das innere Leben all jener, die Jesus begegnen. Jene, die sich retten lassen von ihm, sind frei von der Sünde, von der Trauer, von der inneren Leere, von der Isolation.

Armut und Glück, das ist möglich

Die erste Seligpreisung besagt: *Selig die Armen im Geiste, denn ihnen gehört das Himmelreich.* In einer Zeit, in der so viele Menschen wegen der Wirtschaftskrise leiden, scheint es absurd, Armut und Glück nebeneinanderzustellen. In welchem Sinne kann Armut ein Segen sein?

Vor allem müssen wir verstehen, was mit »arm im

Geiste« gemeint ist. Als der Sohn Gottes Mensch wurde, hat er den Weg der Armut, der Besitzlosigkeit gewählt. Oder wie der heilige Paulus im Brief an die Philipper sagt: »Seid untereinander so gesinnt, wie es dem Leben in Christus entspricht: Er war Gott gleich, hielt aber nicht daran fest, wie Gott zu sein, sondern er entäußerte sich und wurde wie ein Sklave und den Menschen gleich.« (2,5–7) Jesus ist Gott, der sich seiner Glorie entäußert. Hier sehen wir, dass Gott sich für die Armut entscheidet: Er, der reich war, wurde euretwegen arm, um euch durch seine Armut reich zu machen (2 KOR 8,9). Das ist das Geheimnis, das wir an der Krippe anbeten. Wir sehen den Sohn Gottes in einer Futterkrippe. Und dann am Kreuz, wo die Entäußerung ihren Höhepunkt erreicht.

Das griechische Adjektiv *ptochós* (arm) aber hat nicht nur materielle Bedeutung. Es heißt auch »Bettler«. In dieser Hinsicht ist es mit der hebräischen Idee der *anawim* verbunden, der »Armen Jahwes«. Das lässt an Demut denken, an das Wissen um die Begrenztheit der eigenen Mittel, an den grundlegenden Zustand der Armut. Die *anawim* vertrauen auf den Herrn, weil sie wissen, dass sie von ihm abhängig sind.

Die unerforschlichen Wege Gottes

Was will uns der Begriff »selig« sagen? Weshalb beginnt jede der acht Seligpreisungen mit dem Begriff »selig«? Der ursprüngliche Begriff verweist keineswegs auf einen Menschen, der einen vollen Bauch hat und dem es gut geht. Er meint vielmehr einen Menschen, der im Stand der Gnade ist, der in dieser Gnade lebt und auf dem Pfad Gottes voranschreitet: Geduld, Armut, der Dienst am anderen, der Trost ... Alle jene, die diese Dinge leben, sind glücklich und werden selig sein.

Gott wählt, um sich uns zu schenken, häufig unerforschliche Wege, vielleicht solche, die mit unseren Begrenzungen zu tun haben, mit unseren Tränen, unseren Niederlagen. Es ist die österliche Freude, von der unsere östlichen Brüder sprechen, die zwar die Wundmale trägt, aber lebendig ist, den Tod überwunden hat und die Macht Gottes erfahren. Die Seligpreisungen führen dich immer zur Freude. Sie sind der Weg zur Freude.

Sind wir fähig, das Essenzielle zu genießen?

Das Glück der Armen – der Armen im Geiste – hat zwei Dimensionen: im Hinblick auf materielle *Güter* und im Hinblick auf *Gott.* Im Hinblick auf die Güter, die materiellen Güter, ist die Armut im Geiste einfach Schlicht-

heit: Damit ist nicht unbedingt Verzicht gemeint, sondern die Fähigkeit, das Essenzielle zu genießen und zu
teilen. Die Fähigkeit, Tag für Tag zu staunen über die
guten Dinge, ohne sich mit der Blindheit eines gierigen
Konsums zu beschweren. Je mehr ich habe, desto mehr
will ich. Nochmal: Je mehr ich habe, desto mehr will
ich: Das ist gieriger Konsum. Und das tötet die Seele
ab. Und die Menschen, die so handeln, die von dieser
Haltung des »Je mehr ich habe, desto mehr will ich«
bestimmt werden, werden nie zufrieden sein und nie
das Glück erlangen. Was Gott angeht, so ist das Glück
der Armen Lob und die Erkenntnis, dass die Welt ein
Segen ist und dass ihr Ursprung die schöpferische Liebe
des Vaters ist. Aber es ist auch das Offensein für ihn,
die Sanftmut, mit der wir seine Herrschaft akzeptieren.
Er ist der Herr, er ist groß. Ich bin nicht groß, nur weil
ich vieles habe! Er ist es: Er, der die Welt für alle Menschen wollte, und zwar damit sie glücklich sind.

Böse Geister
(und der gute Geist eines Blinden)

Im fünften Kapitel des Evangeliums nach Johannes
(5,1–16) kommt Jesus nach Jerusalem und begibt sich
in ein Bad, in das die Kranken gehen, um Heilung zu
finden, weil es hieß, dass dort immer wieder ein Engel
herabstieg und das Wasser eines Teiches anschwellen

ließ, als wäre es ein Fluss. Und dass der Erste, der sich danach ins Wasser stürzte, geheilt würde. Viele Kranke, die Heilung suchten, lagen dort und warteten darauf, dass das Wasser stieg: »In diesen Hallen lagen viele Kranke, darunter Blinde, Lahme und Verkrüppelte.« (VERS 3)

Unter ihnen war auch ein Mann, der seit achtunddreißig Jahren krank war. Achtunddreißig Jahre wartete er dort auf Heilung! Das stimmt schon nachdenklich, nicht wahr? Ein bisschen zu viel ... Denn wer auf Heilung hofft, sorgt bauernschlau dafür, dass er jemanden bei sich hat, der ihm schnell ins Wasser hilft ... Aber dieser Mann, der seit achtunddreißig Jahren wartete und von dem man nicht weiß, ob er noch krank oder schon tot ist ... »Als Jesus ihn dort liegen sah und erkannte, dass er schon lange krank war, fragte er ihn: ›Willst du gesund werden?‹« (VERS 6) Die Antwort ist interessant. Er sagt nicht Ja. Er jammert einfach. Über die Krankheit? Nein. »Der Kranke antwortete ihm: Herr, ich habe keinen Menschen, der mich, sobald das Wasser aufwallt, in den Teich trägt. Während ich mich hinschleppe, steigt schon ein anderer vor mir hinein.« (VERS 7) Ein Mann also, der immer zu spät kommt. Jesus aber sagt ihm: »Steh auf, nimm deine Bahre und geh!« (VERS 8) »Sofort wurde der Mann gesund, nahm seine Bahre und ging.«

Die Traurigkeit ist die Saat des Teufels

Die Haltung dieses Mannes stimmt uns nachdenklich. War er krank? Ja, vermutlich war er lahm, aber offensichtlich konnte er doch ein bisschen gehen. Krank war er vor allem im Herzen, an der Seele. Er war von Pessimismus befallen, krank vor Trauer, krank vor Verbitterung. Das ist die Krankheit dieses Mannes: »Ja, ich will ja leben, aber …« Und so blieb er dort. Seine Antwort ist nicht: »Ja, ich will geheilt werden.« Nein, er beklagt sich lieber: »Die anderen sind vor mir da, immer die anderen.« Die Antwort auf Jesu Angebot der Heilung ist eine Klage über seine Mitmenschen. Und so hat er sich achtunddreißig Jahre lang beklagt. Und hat nichts getan, um gesund zu werden.

Der Schlüssel ist die Begegnung mit Jesus, nach der Heilung. »Später traf ihn Jesus im Tempel und sagte zu ihm: ›Jetzt bist du gesund; sündige nicht mehr, damit dir nicht noch Schlimmeres zustößt.‹« (VERS 14) Dieser Mann befand sich im Stand der Sünde, aber nicht, weil er eine Untat begangen hatte: Nein, seine Sünde war es, zu überleben und sich ständig über das Leben der anderen zu beklagen. Die Sünde der Traurigkeit, die die Saat des Teufels ist, der Unfähigkeit, eine Entscheidung über das eigene Leben zu fällen, sondern stattdessen immer den Blick auf das Leben der anderen zu richten und sich zu beklagen. Nicht, um sie zu kritisieren, sondern um zu klagen. »Die anderen sind immer vor mir da. Ich bin ein Opfer dieses Lebens.« Klagen, diese Menschen leben von Klagen.

Ein graues Leben

Vergleichen wir das einmal mit dem von Geburt an Blinden aus dem neunten Kapitel des Johannes-Evangeliums: Mit wie viel Freude und Begeisterung dieser auf seine Heilung reagierte. Und mit welcher Entschlossenheit er Jesus gegenüber den Schriftgelehrten verteidigte. Der Lahme hatte nur gesagt: »Ja, er war es.« Punkt. (VERS 15) Das lässt mich an viele von uns denken, an viele Christen, die in diesem Zustand der Trägheit leben, unfähig, etwas zu tun, aber sich ständig beklagend. Die Trägheit ist ein Gift, ein Nebel, der die Seele umhüllt und sie nicht leben lässt. Und sie ist auch eine Droge, weil sie umso mehr gefällt, je öfter man sie genießt. Und dann wird man abhängig von seiner Trauer, wird ein »Trägheits-Abhängiger«. Wie von der Luft, die man atmet. Das sind Süden, die unter uns recht verbreitet sind: Traurigkeit, Trägheit, eine Art Melancholie.

Es ist sinnvoll, dieses fünfte Kapitel des Johannes-Evangeliums noch einmal zu lesen, um zu sehen, wie diese Krankheit beschaffen ist, der wir verfallen können. Das Wasser ist da, um uns zu retten. »Aber ich kann mich nicht retten?« – »Warum?« – »Weil die anderen schuld sind.« Und so bleibt der Lahme achtunddreißig Jahre dort ... Dann wird er von Jesus geheilt, aber man sieht an ihm nicht die Reaktion der anderen Kranken, die geheilt werden, die ihre Bahre nehmen und zu tanzen beginnen, zu singen und Dank zu sagen. Sie erzählen es der ganzen Welt! Nein, er macht weiter wie gehabt. Und den Juden, die ihm sagen, er dürfe seine Bahre nicht tragen, weil Sabbat sei, antwortet er: »Der Mann, der mich gesund gemacht hat, sagte zu mir: ›Nimm deine Bahre und geh!‹« Ohne Jesus zu verteidigen. Und statt Jesus zu suchen, um ihm zu danken, zeigt er ihn den Schriftgelehrten: »Der da war es.« Ein graues Leben, grau gefärbt vom bösen Geist der Trägheit, der Traurigkeit, der Melancholie.

Das Wasser und die Trägheit

Betrachten wir das Wasser, dieses Wasser, das symbolhaft steht für unsere Kraft, für unser Leben. Das Wasser, das Jesus verwendet hat, um uns zu erneuern: die Taufe. Und dann richten wir den Blick auf uns, wenn jemand von uns Gefahr läuft, in Trägheit zu verfallen, in diese »neutrale« Sünde: Die Sünde des Neutralen ist eben dies, sie ist weder weiß noch schwarz. Man weiß nicht, was sie eigentlich ist. Und diese Sünde kann sich der Teufel zunutze machen, um unser spirituelles und auch unser persönliches Leben auszulöschen. Möge der Herr uns helfen zu begreifen, wie schlimm und böse diese Sünde ist.

Wer lehrt uns zu weinen und zu lächeln?

Kinder haben die Fähigkeit zu lächeln und zu weinen. Manche lächeln, wenn ich sie auf den Arm nehme. Andere sehen, dass ich ganz in Weiß gekleidet bin, und glauben, ich bin der Doktor und will sie impfen, und schon fangen sie an zu weinen … aber ganz spontan! Kinder sind so: Sie lachen und weinen, zwei Dinge, die sich bei uns Erwachsenen normalerweise gegenseitig blockieren. Wir können das nicht mehr … Häufig gefriert unser Lächeln zu etwas Leblosem, ein Lächeln, das nicht mehr lebendig ist, ein künstliches Lächeln wie von einem Clown. Kinder hingegen lächeln spontan und weinen spontan. Das hängt vom Herzen ab, und unser Herz verhärtet sich häufig und verliert diese Fähigkeit. Die Kinder können sie uns wieder lehren. Wir müssen uns nur fragen: Lächle ich spontan, voller Frische, voller Liebe oder ist mein Lächeln künstlich? Besitze ich noch die Fähigkeit zu weinen oder habe ich sie verloren? Zwei sehr menschliche Fragen, die uns Kinder lehren können.

Wenn ich einen Menschen treffe, der auf der Straße schläft

Wenn ich einen Menschen treffe, der im schlimmsten Wetter, in einer kalten Nacht draußen schläft, habe ich vielleicht das Gefühl, dass dieses unerwartete

Bündel mir im Weg ist, ein fauler Gauner, ein Hindernis auf meinem Weg, ein Stachel im Fleisch meines Gewissens, ein Problem, um das sich gefälligst die Politiker kümmern sollen. Vielleicht halte ich ihn sogar für Müll, der den öffentlichen Raum verschandelt. Oder ich reagiere aus dem Glauben und aus Barmherzigkeit heraus und erkenne in diesem Menschen ein Geschöpf, dem die gleiche Würde zukommt wie mir, ein Geschöpf, das vom Vater unendlich geliebt wird, einen Bruder Christi. Das heißt es, Christ zu sein! Oder können wir etwa das Heilige begreifen, ohne die lebendige Würde jedes menschlichen Wesens anzuerkennen?

Die Freude liegt nicht in den Dingen, sondern in der Begegnung

Wir wissen, dass die Dinge der Welt den ein oder anderen Wunsch erfüllen können, ja selbst Emotionen hervorrufen, doch am Ende ist dies immer eine oberflächliche Freude, die nicht in die Tiefe geht. Sie ist keine intime Freude: Es handelt sich vielmehr um den Rausch des Augenblicks, der nicht wirklich glücklich macht. Freude aber ist kein momentaner Rausch: Sie ist ganz etwas anderes!

Echte Freude kommt nicht von den Dingen, vom Haben, nein! Sie entsteht aus der Begegnung, aus der

Beziehung zu anderen, aus dem Sich-akzeptiert-Fühlen, dem Verstehen und Lieben. Und das nicht aus einem momentanen Interesse heraus, sondern weil der Andere, die Andere eine Persönlichkeit ist. Die Freude entsteht aus der Unentgeltlichkeit der Begegnung! Wenn wir hören: »Du bist mir wichtig«, auch wenn das nicht unbedingt ausgesprochen wird. Das ist das Schöne … Und genau das hören wir von Gott. Indem er dich ruft, sagt Gott dir: »Du bist wichtig für mich. Ich habe dich lieb. Ich zähle auf dich.« Jesus sagt das jedem von uns! Daraus entsteht die Freude! Die Freude des Augenblicks, in dem Jesus mich angeschaut hat. Verstehen und fühlen, das ist das Geheimnis unserer Freude. Sich von Gott geliebt fühlen, fühlen, dass wir für ihn nicht bloße Nummern sind, sondern Menschen. Fühlen, dass er es ist, der uns ruft.

Priester, Mönch oder Ordensschwester zu werden, ist nicht in erster Linie eine eigene Entscheidung. Ich vertraue den Seminaristen und Novizinnen nicht, die mir sagen: »Ich habe mich für diesen Weg entschieden.« Das finde ich nicht gut! So funktioniert es nicht! Es geht vielmehr um die Reaktion auf einen Ruf, einen Ruf der Liebe. Ich spüre etwas in mir, das mich unruhig macht, und ich antworte mit Ja. Der Herr lässt uns diese Liebe im Gebet spüren, aber auch an anderen Zeichen im Leben, die wir lesen können, an Menschen, die er uns des Weges schickt. Und die Freude an der Begegnung mit ihm, an seinem Ruf führt dazu, dass wir

uns nicht verschließen, sondern öffnen. Sie führt zum
Dienst an der Kirche.

Keine traurigen Gesichter

Unter uns sollte es keine traurigen Gesichter geben,
keine unzufriedenen und unbefriedigten Menschen,
denn »eine Nachfolge in Traurigkeit ist eine triste
Nachfolge«. Auch wir haben Schwierigkeiten wie alle
Männer und Frauen. Wir erleben die Nacht des Geistes ebenso wie Enttäuschungen, Krankheiten und das
altersbedingte Abnehmen der Kräfte. Aber genau
darin müssen wir die »vollkommene Freude« finden
(JOH 15,11). Wir müssen lernen, das Antlitz Christi zu
sehen, der sich uns gleichgemacht hat, und die Freude
spüren, dass wir ihm gleich sind, der um unseretwillen
das Kreuz nicht abgelehnt hat.

Der Weg des heiligen Lebens (und der deine)

Wenn es etwas gibt, das die Heiligen kennzeichnet,
dann ist es die Tatsache, dass sie wahrhaft *glücklich* sind.
Sie haben das Geheimnis des authentischen Glücks ent-
deckt, das tief in der Seele verborgen liegt und seine
Quelle in der Liebe Gottes hat. Daher nennt man die
Heiligen auch Selige.

Mit ein bisschen Humor

Normalerweise geht die christliche Freude mit Humor einher, deutlich zu erkennen beispielsweise an den Heiligen Thomas Morus, Vinzenz von Paul und Philipp Neri. Schlechte Laune jedenfalls ist kein Merkmal der Heiligkeit: »Halte deinen Sinn von Ärger frei.« (KOH 11,10) Denn wir erhalten so vieles vom Herrn, damit wir uns zu jeder Zeit freuen können (1 THESS 6,16). Insofern ist die Trauer auch eine Art Undankbarkeit. Wir sind so sehr in uns selbst eingekapselt, dass wir nicht mehr fähig sind, die Gaben Gottes zu erkennen.

Der Glaube ist die Kraft jener, die wissen, dass sie nicht allein sind

Nie hat man von einem traurigen Heiligen, einer Heiligen mit finsterem Gesicht gehört. Niemals! Das wäre ein Widerspruch in sich. Der Christ ist ein Mensch, dessen Herz voller Frieden ist, weil er seine Freude in den Herrn setzt, auch in den schwierigen Augenblicken seines Lebens. Zu glauben heißt nicht, dass man keine schwierigen Zeiten durchlebt, sondern dass man die Kraft hat, sich ihnen zu stellen im Wissen, dass man nicht alleine dasteht. Das ist der Frieden, den der Herr seinen Kindern gibt.

Fromm sein, nicht frömmeln

Die Gabe der Frömmigkeit lässt uns wachsen in der Beziehung, der Gemeinschaft mit Gott. Sie führt dazu, dass wir leben wie seine Kinder, gleichzeitig aber ermöglicht sie uns, diese Liebe auch anderen Menschen zu schenken und sie als Schwestern und Brüder anzusehen. Wir werden von der Frömmigkeit angerührt, ohne zu frömmeln. Wir haben Mitleid mit den Menschen an unserer Seite, denen wir Tag für Tag begegnen. Warum aber warne ich vor der Frömmelei? Weil es Menschen gibt, die glauben, dass Frömmigkeit zu zeigen nur mit heiligmäßig geschlossenen Augen funktioniert. Diese Leute machen ein Gesicht wie auf den Gebetsbildchen und fühlen sich wie Heilige. Auf Piemontesisch sagen wir: »fare la mugna quacia«, ein »scheinheiliges Gesicht machen«. Aber das hat nichts zu tun mit der Gabe der Frömmigkeit. Die Gabe der Frömmigkeit heißt, sich wirklich mit jenen freuen zu können, die Freude erfahren; zu weinen mit jenen, die Tränen vergießen; denen nahe sein, die allein sind oder Angst haben; jene zu korrigieren, die sich im Irrtum befinden; und allen zu helfen, die es nötig haben. Zwischen der Gabe der Frömmigkeit und der Sanftmut besteht eine enge Verbindung. Die Gabe der Frömmigkeit, die der Heilige Geist uns schenkt, macht uns sanftmütig, ruhig, geduldig. Wir leben im Frieden mit Gott und dienen den anderen Menschen voller Milde.

Eine Freude so groß, dass niemand
sie dir nehmen kann

Dies sind die ersten Worte, die der Erzengel Gabriel zur Jungfrau Maria sagt: »Freue dich, du Begnadete, denn der Herr ist mit dir.« (LK 1,28) Das Leben der Menschen, die Jesus entdeckt haben, erfüllt sich mit einer inneren Freude, die so groß ist, dass nichts und niemand sie ihnen wieder fortnehmen kann. Christus schenkt den Seinen die nötige Kraft, um nicht traurig und entmutigt zu sein, weil sie nicht an die Lösung der Probleme glauben. Durch diese Wahrheit aufgerichtet zweifelt der Christ nicht daran, dass alles, was mit Liebe getan wird, eine tiefe Freude entstehen lässt, die Schwester jener Hoffnung, die das Hindernis der Angst durchdringt und die Pforten zu einer vielversprechenden Zukunft weit aufstößt.

Werdet gewitzt

Ein Aspekt des Lichts, das uns auf dem Weg des Glaubens leuchtet, ist eine heilige »Gewitztheit«. Auch dies ist eine Tugend. Es handelt sich um jene spirituelle Gewitztheit, die uns Gefahren erkennen und vermeiden lässt. Die Heiligen Drei Könige wussten sich dieses »gewitzte« Licht zunutze zu machen, als sie auf dem Rückweg entschieden, nicht am dunklen Palast des

Herodes vorbeizugehen, sondern einen anderen Weg einzuschlagen. Diese Weisen aus dem Morgenland zeigen uns, wie wir es vermeiden, in die Fallen der Dunkelheit zu tappen, und uns vor der Finsternis zu schützen, die versucht, unser Leben zu durchdringen. Mit dieser Gewitztheit haben sie den Glauben bewahrt.

Auch wir müssen den Glauben bewahren. Ihn vor dieser Dunkelheit schützen. Und immer wieder auch vor einer Dunkelheit, die sich als Licht ausgibt! Denn der Teufel, so sagt uns der heilige Paulus, verkleidet sich mitunter als Engel des Lichts. Und genau hier brauchen wir diese heilige Gewitztheit, um den Glauben gegen die Sirenengesänge zu verteidigen, die uns locken: »Sieh mal, heute können wir dies oder jenes machen ...«

Der Glaube ist eine Gnade, ein Geschenk. Es ist unsere Aufgabe, ihn mit dem Gebet, mit der Liebe, mit der Barmherzigkeit zu bewahren. Wir müssen das Licht Gottes in unserem Herzen empfangen und uns gleichzeitig diese spirituelle Gewitztheit bewahren, die Schlichtheit und Schläue zusammenbringt. Wie Jesus es von seinen Jüngern verlangt: »Seid daher klug wie die Schlangen und arglos wie die Tauben.« (MT 10,16)

Schwester Klagemund

Der Apostel Paulus ermahnt die Thessalonicher: »Freut euch zu jeder Zeit.« Und wie gelingt mir das? Auch darauf hat er eine Antwort: »Betet ohne Unterlass! Dankt für alles.« (THESS 5,16–17) Die christliche Freude findet sich im Gebet, sie kommt aus dem Gebet und auch aus dem Dank an Gott: »Danke, Herr, für diese vielen schönen Dinge!« Aber es gibt Leute, die Gott nicht danken können: Sie suchen immer nach etwas, über das sie sich beschweren können.

Ich kannte eine Nonne, die gütig war, viel arbeitete ... aber ihr ganzes Leben bestand nur aus Klagen. Sie beklagte sich über alles Mögliche, was passierte ... Im Kloster nannte man sie »Schwester Klagemund«, was verständlich ist. Aber ein Christ kann so nicht leben, immer auf der Suche sein nach etwas, worüber er sich beklagen kann: »Der hat etwas, das ich nicht habe ... Hast du gesehen, was da passiert ist?« Das ist nicht christlich! Und es ist schlimm, wenn man Christen mit verbitterter Miene sieht, mit diesem von der Bitterkeit beunruhigten Gesicht, das keinen Frieden kennt. Kein Heiliger, keine Heilige hat je ein finsteres Gesicht gezogen. Niemals! Die Heiligen strahlen Freude aus. Oder im Angesicht des Leids zumindest Frieden. Denkt nur an das schlimmste Leid überhaupt, das Martyrium Jesu: Er hatte dieses friedvolle Gesicht und kümmerte sich noch um die anderen: um die Mutter, um Johannes, um den Räuber ... er sorgte für die anderen.

In der Tiefe des Lebens

Ein Mensch, der die Dinge sieht, wie sie wirklich sind, lässt sich vom Schmerz durchdringen und weint im Herzen. So ein Mensch ist fähig, bis in die Tiefe des Lebens vorzustoßen und wahrhaft glücklich zu sein. Solch ein Mensch wird getröstet, aber mit dem Trost Jesu, nicht mit dem der Welt. So kann er den Mut aufbringen, das Leiden der anderen zu teilen, und aufhören, schmerzlichen Situationen aus dem Weg zu gehen. Auf diese Weise entdeckt er, dass das Leben durchaus Sinn hat, wenn man dem Anderen in seinem Schmerz hilft, wenn man seine Bedrängnis versteht, wenn man anderen Erleichterung verschafft. Solch ein Mensch spürt, dass der Andere Fleisch von seinem Fleisch ist, und er hat keine Angst, ihm näherzukommen, ja sogar seine Wunde zu berühren. Er hat Mitleid, bis er spürt, dass die Distanz verschwindet. So lässt sich die Ermahnung des heiligen Paulus annehmen: »Weint mit den Weinenden.« (RÖM 12,15) Mit den anderen weinen können, das ist Heiligkeit.

*Wenn du gute Fragen stellst,
wirst du Antworten finden*

Ein weiser Lehrer

EIN WEISER LEHRER sagte eines Tages, der Schlüssel zum Wachsen in der Weisheit liege nicht darin, die richtigen Antworten zu finden, sondern die richtigen Fragen zu entdecken. Also denkt nach: Kann ich auf die Dinge antworten? Kann ich gut antworten? Habe ich richtige Antworten? Wenn jemand hier mit Ja antwortet, freut mich das für ihn. Aber er sollte sich eine weitere Frage stellen: Stelle ich denn auch die richtigen Fragen? Habe ich dieses unruhige Herz, das mich antreibt, mich ständig zu befragen: über das Leben, über mich selbst, die anderen Menschen, über Gott? Mit den richtigen Antworten besteht ihr die Prüfung, aber ohne die richtigen Fragen besteht ihr nicht im Leben!

Für wen bin ich da?

Was ist für mich die schrecklichste Armut? Was wäre für mich die größte Armut? Wenn wir ehrlich sind, merken wir, dass die größte Armut in der Einsamkeit besteht, im Gefühl, nicht geliebt zu werden. Diese geistige Armut zu bekämpfen, ist eine Aufgabe, zu der wir alle aufgerufen sind. Und ihr jungen Menschen habt dabei eine besondere Rolle auszufüllen, denn das verlangt eine enorme Umstellung in allem, was uns wichtig ist, in unseren Entscheidungen. Dahinter steht die Erkenntnis, dass das Wichtigste nicht ist, was ich besitze oder mir kaufen kann, sondern die Menschen, mit denen ich es teilen kann. Es ist nicht von Bedeutung, sich zu fragen, warum ich lebe, sondern *für wen* ich lebe? Lernt, euch diese Frage zu stellen: Nicht *wofür* lebe ich, sondern *für wen*? Mit wem teile ich mein Leben? Die Dinge sind wichtig, aber die Menschen sind unverzichtbar. Ohne sie verlieren wir unsere Menschlichkeit, unser Gesicht, unseren Namen. Dann sind wir noch ein Gegenstand mehr, aber wir sind keine Dinge. Wir sind Menschen. Im Buch Jesus Sirach steht: »Ein treuer Freund ist ein starker Schutz, wer ihn findet, hat einen Schatz gefunden.« (6,14) Daher ist es so wichtig, sich regelmäßig zu fragen: »Für *wen* bin ich da?« Du bist für Gott da, ohne jeden Zweifel. Aber er wollte, dass du auch für die anderen da bist. Daher hat er dir viele Eigenschaften, Neigungen, Gaben und Charisma verliehen. Aber diese sind nicht für dich gedacht, sondern für die anderen Menschen, mit denen du sie teilen sollst. Nicht nur das Leben leben, sondern es teilen. Das Leben teilen.

Wie treten wir ein in die Zeit, die uns erwartet?

Ich möchte, dass dieser Begriff – Hoffnung –, der für alle Christen eine grundlegende Tugend bezeichnet, die Sicht beflügelt, mit der wir uns auf die Zeit einlassen, die uns erwartet.

Gewiss, die Hoffnung fordert Realismus. Sie verlangt, dass wir uns all der Fragen bewusst sind, die unsere Zeit belasten, und auch all jener Dinge, die sich am Horizont abzeichnen. Sie verlangt, dass wir die Probleme beim Namen nennen und den Mut haben, sie anzugehen. Sie verlangt, uns zu erinnern, dass die Menschheit die Zeichen und Wunden der Kriege trägt, die aufeinanderfolgten und immer tödlicher wurden und auch heute noch die Ärmsten und Schwächsten treffen. Leider scheint das neue Jahr hier keine ermutigenden Signale zu senden, sondern vielmehr auf neue Spannungen und Gewalt hinzuweisen.

Doch gerade im Licht dieser Umstände dürfen wir nicht aufhören zu hoffen. Und die Hoffnung fordert Mut. Sie fordert die Gewissheit, dass das Böse, das Leid und der Tod nicht siegen werden und dass auch die komplexesten Probleme angepackt und gelöst werden können. Die Hoffnung ist die Tugend, die uns in Bewegung versetzt. Sie gibt uns Flügel, damit wir vorankommen, auch wenn die Hindernisse unüberwindbar erscheinen.

Alle voller Unruhe, alle auf der Suche

Die Sehnsucht nach Glück ist allen Menschen eigen, in allen Zeiten und Epochen. Gott hat ins Herz jedes Mannes und jeder Frau den unbezwingbaren Wunsch nach Glück und Erfüllung gelegt. Spürt ihr nicht, dass eure Herzen unruhig sind und ständig auf der Suche nach einem Gut, das diesen grenzenlosen Durst stillt?

Wer sind die Gerechten?

Die Vision des Himmels, die uns in der *Offenbarung des Johannes* begegnet: Gott, der Herr, die Schönheit, die Güte, die Wahrheit, die Zärtlichkeit, die ganze Liebe. All das erwartet uns. Die uns vorausgegangen und im Herrn gestorben sind, erwarten uns da. Sie verkünden, dass sie Erlösung fanden, nicht durch ihre Werke – auch wenn sie durchaus gute Werke verrichtet haben –, sondern durch den Herrn: »Die Rettung kommt von unserem Gott, der auf dem Thron sitzt, und von dem Lamm.« (OFFB 7,10) Er ist es, der uns errettet. Er ist es, der uns am Ende unseres Lebens an der Hand nimmt wie ein Vater und uns in jenen Himmel geleitet, wo wir unsere Vorfahren treffen. Einer der Ältesten fragt: »Wer sind diese, die weiße Gewänder tragen, und woher sind sie gekommen?« (VERS 13) Wer sind die Gerechten, die Heiligen, die im Himmel sind? Die Antwort: »Es sind die, die aus der großen Bedrängnis kommen; sie haben ihre Gewänder gewaschen und im Blut des Lammes weiß gemacht.« (VERS 14)

Wir finden Eingang in den Himmel nur wegen des Blutes des Lammes, des Blutes Christi. Es ist tatsächlich das Blut Christi, das uns gerechtfertigt, das uns die Tore zum Himmel geöffnet hat. Und wenn wir an jedem 1. November unserer Brüder und Schwestern gedenken, die uns im Leben vorausgegangen sind und jetzt im Himmel sind, dann liegt das daran, dass sie vom Blut Christi reingewaschen wurden. Das ist unsere Hoffnung: die Hoffnung auf das Blut Christi! Eine Hoffnung, die uns nie enttäuscht. Wenn wir im Leben mit dem Herrn gehen, wird er uns nie enttäuschen!

Wie können wir die Hoffnung hier und jetzt leben?

Die schwindelerregende Hektik, der wir heute ausgesetzt sind, scheint uns alle Hoffnung und Freude zu rauben. Der Druck, die Ohnmacht angesichts vieler Situationen scheinen uns die Seele zu verhärten und uns gefühllos zu machen gegenüber den unzähligen Herausforderungen. Und obwohl sich paradoxerweise alles beschleunigt, weil wir – zumindest in der Theorie – eine bessere Gesellschaft aufbauen wollen, haben wir am Ende für nichts und niemanden mehr Zeit. Wir verlieren die Zeit für unsere Familie, für unsere Gemeinschaft, für unsere Freundschaften, für die Solidarität und das Gedenken.

Es wird guttun, uns zu fragen: Wie können wir die Freude des Evangeliums heute in unseren Städten leben? Ist die christliche Hoffnung in dieser Situation, hier und jetzt noch möglich?

Diese beiden Fragen rühren an unsere Identität, das Leben unserer Familien, unserer Dörfer und unserer Städte.

Hier bin ich: Sende mich!

Die Krankheit, das Leid, die Angst, die Isolation richten sich an uns. Die Armut all jener, die allein sterben, die sich selbst überlassen sind, die ihre Arbeit und ihr Einkommen verloren haben, die kein Dach über dem Kopf und nichts zu essen haben – all das geht uns an. Zu einer Zeit, in der wir körperlich auf Distanz gehen und zu Hause bleiben müssen, sind wir eingeladen zu entdecken, dass wir soziale Beziehungen brauchen und auch die gemeinschaftliche Beziehung zu Gott. Dieser Zustand sollte weder Misstrauen noch Gleichgültigkeit verstärken, sondern uns vielmehr aufmerksam machen auf die Art, wie wir zu anderen in Beziehung treten. Und das Gebet, in dem Gott unser Herz anrührt und bewegt, öffnet uns für die Bedürfnisse der Liebe, der Würde und der Freiheit unserer Geschwister, aber auch für die Fürsorge der gesamten Schöpfung gegenüber.

Die Unmöglichkeit, uns als Kirche zu versammeln, um die Eucharistie zu feiern, versetzt uns in die gleiche Lage, wie die vielen christlichen Gemeinschaften, die nicht jeden Sonntag die Messe feiern können. Vor diesem Hintergrund stellt sich die Frage, die Gott uns vorlegt: »Wen soll ich senden?«, noch einmal neu. Und sie erwartet von uns eine großzügige und überzeugte Antwort: »Hier bin ich, sende mich!« (JES 6,8) Gott sucht weiter nach jenen, die er in die Welt senden kann, und nach Menschen, die Zeugen seiner Liebe, seiner Erlösung von der Sünde und vom Tod werden, seiner Befreiung vom Bösen (MT 9,35–38; LK 10,1–12).

Was erwartet mich?

Keiner von uns weiß, was ihn im Leben erwartet. Wir können schlimme Dinge tun, abscheuliche Dinge, aber trotzdem solltet ihr nicht verzweifeln. Der Vater wird euch immer erwarten! Kehrt zurück, kehrt zurück! Dies ist das Wort. Ich kehre zurück nach Hause, weil der Vater auf mich wartet. Und wenn ich auch ein großer Sünder bin, er richtet mir ein großes Fest aus. Und ihr Priester: Bitte umarmt die Sünder und seid barmherzig. Denn Gott wird nie müde zu verzeihen. Er wird nie müde, uns zu erwarten.

Der Gott, der Angst in Hoffnung verwandelt

Wann wird im Evangelium feierlich die Identität Jesu verkündet? Wenn der Hauptmann sagt: »Wahrhaftig, dieser war Gottes Sohn.« Dieser Satz fällt, kaum dass Jesus am Kreuz sein Leben ausgehaucht hat, weil es nun keinen Irrtum mehr geben kann: Man erkennt, dass Gott allmächtig ist in der Liebe und nicht auf andere Weise. Das ist seine Natur, weil er so geschaffen ist. Er *ist* die Liebe.

Da könntest du nun einwenden: »Was soll ich mit einem so schwachen Gott anfangen, der stirbt? Ich hätte lieber einen starken, einen mächtigen Gott!« Aber weißt du, die Macht dieser Welt vergeht, die Liebe aber bleibt. Nur die Liebe bewahrt das Leben, das wir haben, weil sie unsere Schwächen umfängt und sie verwandelt. Es ist die Liebe Gottes, die zu Ostern unsere Sünden heilt mit seiner Vergebung, die aus dem Tod ein Stück des Lebens macht, die unsere Angst in Vertrauen verwandelt, unsere Beklemmung in Hoffnung. Ostern sagt uns, dass Gott alles zum Guten wenden kann. Dass wir mit ihm darauf vertrauen können, dass alles gut gehen wird. Das ist keine Illusion, denn der Tod und die Auferstehung Jesu sind auch keine Täuschung: Das war eine Wahrheit! Aus diesem Grund heißt es am Ostermorgen: »Fürchtet euch nicht!« (MT 28,5) Und die ängstlichen Fragen zum Bösen verschwinden nicht auf einen

Schlag, sondern finden im Auferstandenen ein festes Fundament, auf dem stehend wir nicht untergehen.

Und ich, wo will ich essen?

Wenn wir uns umsehen, merken wir, dass uns viel Nahrung angeboten wird, die nicht vom Herrn kommt und die scheinbar mehr sättigt. Manche Menschen nähren sich vom Geld, andere vom Erfolg und von der Eitelkeit, wieder andere von Macht und Stolz. Aber die Speise, die wahrhaft nährt, die uns satt macht, kann nur jene sein, die uns der Herr gibt! Die Speise, die uns der Herr schenkt, ist anders als alle anderen, und möglicherweise kommt sie uns nicht so köstlich vor wie bestimmte andere Nahrungsmittel, die uns die Welt anbietet. Dann träumen wir von anderen Speisen wie die Juden in der Wüste, denen das Fleisch und die Zwiebeln fehlten, die sie in Ägypten bekommen hatten. Dabei vergaßen sie, dass sie diese Nahrung an den Tischen der Sklaverei erhalten hatten. In diesen Augenblicken der Versuchung erinnerten sie sich, aber es war eine kranke Erinnerung, die vieles ausblendete. Eine sklavische Erinnerung, keine Erinnerung der Freiheit.

Jeder von uns kann sich heute fragen: Und ich? *Wo will ich essen?* An welcher Tafel nehme ich meine Nahrung zu mir? An der Tafel des Herrn? Oder träume auch ich von köstlichen Speisen, die mir in der Sklaverei aufgetischt werden? Und jeder von uns kann sich fragen: Wie sieht meine Erinnerung aus? Ist es die an den Herrn, der mich errettet? Oder die an Fleisch und Zwiebeln, die mir als Sklaven aufgetischt werden? Mit welcher Erinnerung will ich meine Seele nähren?

Der Vater sagt uns: »Ich habe dich mit Manna genährt, das du nicht kanntest.« Holen wir uns also die Erinnerung zurück. Das ist unsere Aufgabe: die Erinnerung zurückzuholen. Und das falsche Brot erkennen zu lernen, welches täuscht und verdirbt, weil es die Frucht des Egoismus ist, der Selbstbezogenheit und der Sünde.

Aber du, warum?

Wenn ich einem Menschen begegne, der nicht glaubt, ist das Letzte, was ich tun soll, ihn überzeugen zu wollen. Niemals. Das Letzte, das ich machen muss, ist zu reden. Ich muss vielmehr im Einklang mit meinem Glauben leben. Und es wird mein Zeugnis sein, das die Neugier des anderen weckt, der daraufhin fragt: »Warum machst du das?« Und dann kann ich reden. Aber niemals sollten wir das Evangelium durch Proselytismus verbreiten. Wenn jemand sich als Jünger Jesu ausgibt und dich mit Proselytismus zu überzeugen versucht, ist dieser Mensch kein Jünger Jesu. Der Proselytismus, das gehört sich nicht. Die Kirche wächst nicht durch Proselytentum. Das hat schon Papst Benedikt gesagt:

Die Kirche wächst durch ihre Anziehungskraft, durch das Zeugnis. Proselytismus ist etwas, was eine Fußballmannschaft betreiben kann oder eine Partei. Aber mit dem Glauben darf es kein Proselytentum geben. Und wenn jemand mich fragt: »Warum du?«, dann antworte ich: »Lies das Evangelium, das ist mein Glaube.« Aber ohne jeden Druck.

Kehre zurück in die Umarmung des Vaters

Wenn ich diesen Abschnitt des Propheten Hosea (14,2–10) lese, in dem es heißt: »Kehr um, Israel, zum Herrn, deinem Gott«, dann fällt mir immer ein Lied ein, das Carlo Buti vor fünfundsiebzig Jahren sang und das die italienischen Familien in Buenos Aires gerne hörten: »Komm zurück zu deinem Papa, damit er dir wieder das Wiegenlied singen kann.« »Kehre zurück«: Es ist dein Vater, der dir sagt, dass du zurückkommen sollst. Gott ist dein Vater, er ist nicht dein Richter, sondern dein Vater. »Komm zurück nach Hause, höre doch, komm.« Diese Erinnerung – ich war damals noch ein Junge – weckt in mir den Gedanken an den Vater im 15. Kapitel des Lukas-Evangeliums, der »ihn schon von Weitem kommen sah« (VERS 20), den Sohn, der mit seinem Geld losgezogen war und alles verschwendet hat (VERSE 13–14). Aber wenn der Vater ihn schon von Weitem sieht, dann liegt das daran, dass er auf ihn gewartet hat. Er stieg – wie oft am Tag – auf die Terrasse hinauf und hielt Ausschau. Tage-, monate- und jahrelang. Kehre zurück zu deinem Papa, zu deinem Vater. Er erwartet dich. Das ist die Zärtlichkeit Gottes, die uns anspricht, vor allem in der Fastenzeit. Das ist die Zeit, in der wir in uns gehen sollen und uns an den Vater erinnern, zu dem wir zurückkehren können.

»Nein, Vater, ich schäme mich zurückzukehren, weil ich … ich habe einiges angestellt, Vater, wirklich einiges …« Und was sagt der Herr? »Ich will ihre Untreue heilen und sie aus freiem Willen wieder lieben. Denn mein Zorn hat sich von Israel abgewandt. Ich werde für Israel da sein wie der Tau, damit es sprießt wie die Lotusblüte und seine Wurzeln schlägt wie der Libanon.« (HOS 14,5–6) Kehre zurück zu deinem Vater, der dich erwartet. Der Gott der Zärtlichkeit wird uns heilen. Er heilt uns von den zahllosen Verletzungen des Lebens und von so vielen hässlichen Dingen, die wir angestellt haben. Hier hat jeder seine eigenen!

Also denken wir Folgendes: Die Rückkehr zu Gott ist die Rückkehr in die Arme des Vaters.

Begleite den Glauben mit Beharrlichkeit

Glaube und Beharrlichkeit gehören zusammen, denn wenn du Glauben besitzt, ist es gewiss, dass der Herr dir gibt, was du brauchst. Und wenn er dich warten

lässt, dann klopfe, klopfe wieder und klopfe noch einmal. Am Ende wird er dir seine Gnade erweisen. Aber
der Herr macht das nicht, um unsere Sehnsucht zu
vermehren oder weil er sich denkt: »Lassen wir ihn
lieber noch ein bisschen warten.« Nein, er tut es zu
unserem Wohl, damit wir das Ganze auch ernst nehmen. Das Gebet ernst nehmen, es nicht herunter-
plappern wie die Papageien: Bla, bla, bla und damit
fertig. Jesus nämlich ermahnt uns: »Wenn ihr betet,
sollt ihr nicht plappern wie die Heiden, die meinen,
sie werden nur erhört, wenn sie viele Worte machen.«
(MT 6,7–8) Nein, hier braucht es Beharrlichkeit. Und
Glauben.

Kann man wirklich bedingungslos lieben?

Eine Studentin fragt:
Ich wollte Sie fragen, wie ich mit dem Leid umgehen
soll, das in mir entsteht, wenn ich merke, dass ich, wann
immer ich etwas Gutes tue, etwas Nettes, in der Seele
den Wunsch habe, dass ich dafür eine Gegenleistung
bekomme. Wie ist das: Wenn ich im Gegenzug nichts
bekomme, kann ich dann auch nichts geben? Ist es Ihrer
Ansicht nach überhaupt möglich, zu lieben ohne Hintergedanken? Und vor allem: Gibt es eine Liebe ohne
Eigeninteresse?

Papst Franziskus antwortet:

Es stimmt schon: Immer wenn wir etwas Gutes tun, besteht die Gefahr, dass wir aus Eigeninteresse handeln und eine Belohnung erwarten. Es ist ziemlich schwierig, keinen Lohn zu erwarten und unsere guten Taten einfach unentgeltlich zu begehen. Das geht nur über die Liebe. Wer liebt, ist nicht auf Eigeninteressen aus. Denn der Lohn ist die Liebe selbst, die Tatsache, dass man liebt. Lieben, ein großes Wort ... Ich würde sagen, das ist wirklich das Größte, was wir tun können: zu lieben. Denke nur an jene Eltern, die sich für ihre Kinder aufopfern und nie etwas zurückverlangen. Oder an die Kinder, die sich für ihre alten Eltern aufopfern, damit es ihnen an nichts fehlt, nicht am Nötigsten und nicht an der Zuneigung. Und sie gehen voller Zärtlichkeit mit ihnen um. Oder Freunde, die sich für ihre Freunde aufopfern, ausschließlich aus Liebe ... Der Weg der Liebe ist der einzige, der uns die Gewissheit gibt, dass wir keine Egoisten sind. Aber bis wir so weit sind, müssen wir an uns arbeiten. Dazu braucht es Reife und einen Pfad der Großzügigkeit. Üblicherweise haben wir immer ein gewisses Eigeninteresse im Hinterkopf und suchen auch für uns selbst etwas. Aber schon die Tatsache, dass du diese Frage stellst, zeigt, dass dich das in Unruhe versetzt, und das ist an sich schon großartig. Denn es heißt, dass du dich ansiehst: Mache ich das, was ich tue, um etwas zurückzubekommen oder nicht? Mache ich es, um mir irgendwo eine

Scheibe abzuschneiden oder nicht? Dass du dir diese Frage stellst, zeigt eine gewisse Reife in dir.

Stellt euch diese Fragen, denn sie sind die Fragen des Lebens. Denn wir alle – alle, alle, auch ich, wirklich alle – sind ein bisschen egoistisch und haben eigene Interessen. Ich habe mal einen Menschen gekannt, der wirklich sehr egoistisch war. Seine Freunde nannten ihn auf Spanisch: »Yo, me, mi, conmigo, para mi.« Also: »Ich, mir, mein, mich, mit mir, für mich.« Ein Egozentriker. Menschen, deren psychische Energie nur um sich selbst kreist, haben kein gutes Leben. Es sind meist verbitterte Leute. Denn sie achten nur auf sich selbst, und wenn jemand anderer mehr Erfolg hat, werden sie verbittert, weil sie auch das noch wollen … Daher ist der Weg der Liebe ein schwieriger Weg. Er verlangt von uns, dass wir unschöne, ungute Verhaltensweisen beschneiden. Da kann es uns helfen, wenn wir den Pfad der Großzügigkeit beschreiten, andere reden lassen, zuhören. Man sieht manchmal, dass Leute schon das Wort ergreifen, wenn ihr Gegenüber noch gar nicht ausgeredet hat … Stattdessen sollten wir zuhören, dem anderen Raum geben. Auch wenn er ein langweiliger Mensch ist, von einem Typus, den wir alle kennen … Manche sind richtig nervig, aber es ist trotzdem wichtig, dass wir ihnen geduldig unser Ohr leihen. Alle diese Dinge beschneiden unsere Neigung, von den anderen nur zu nehmen. Sie führen uns in die Großzügigkeit. Der Weg der Liebe wird so beschritten. Mit kleinen Opfern.

Lassen wir uns trösten

Der Herr tröstet immer aus der Nähe, mit der Wahrheit und der Hoffnung. Das sind die drei Spuren vom Trost des Herrn.

Aus der *Nähe*, nie aus der Distanz. »Hier bin ich.« Diese wunderschönen Worte: »Ich bin da.« »Ich bin hier, bei euch.« Und häufig in der Stille. Aber wir wissen, dass er es ist. Er ist immer da. Diese Nähe ist der Stil Gottes, auch in der Menschwerdung, als er uns nahekam. Der Herr tröstet aus der Nähe. Und er verwendet keine leeren Worte, ganz im Gegenteil, er zieht die Stille vor. Die Kraft der Nähe, der Präsenz. Er spricht wenig, aber er ist uns nah.

Die zweite Spur der Nähe Jesu und seines Trostes ist die *Wahrheit:* Jesus liebt die Wahrheit. Er sagt nie irgendwelche Formeln, die sich dann als Lügen herausstellen: »Nein, bleib ruhig. Alles wird vorübergehen. Nichts wird geschehen. Diese Dinge gehen vorbei ...« Nein. Er sagt die Wahrheit. Er verhüllt sie nicht. Denn er sagt von sich: »Ich bin die Wahrheit.« (JOH 14,6) Und die Wahrheit ist: »Ich gehe fort.« Das heißt: »Ich werde sterben.« (VERSE 2–3) Wir stehen vor dem Tod. Und das ist die Wahrheit. Und er sagt es uns, voller Sanftmut, ohne zu verletzten. Aber wir stehen vor dem Tod. Und er verbirgt diese Wahrheit nicht.

Und die dritte Spur ist: Jesus tröstet in der *Hoffnung.* Ja, es ist eine schlimme Erfahrung, aber: »Euer Herz lasse sich nicht verwirren. Glaubt an Gott und glaubt an mich!« (JOH 14,1) Er sagt: »Im Haus meines Vaters gibt es viele Wohnungen. Ich gehe, um einen Platz für euch vorzubereiten.« (VERS 2) Er geht als Erster, um die Tore zu öffnen, die Tore zu diesem Ort, durch die wir dereinst alle gehen werden, hoffe ich. »Ich komme wieder und werde euch zu mir holen, damit auch ihr dort seid, wo ich bin.« (VERS 3) Der Herr kehrt immer zurück, wenn einer von uns auf dem Weg ist, um sich von dieser Welt zu verabschieden. »Ich werde kommen und euch holen«: die Hoffnung. Er wird kommen, uns an der Hand nehmen und uns dorthin geleiten. Er sagt nicht: »Nein, ihr werdet nicht leiden, es ist nichts …« Nein, er sagt die Wahrheit: »Ich bin euch nahe. Das ist die Wahrheit: Das ist ein schwieriger Moment, der Gefahr und des Todes. Aber euer Herz soll sich nicht verwirren lassen, ihr werdet in diesem Frieden verweilen, der die Grundlage jedes Trostes ist, denn ich werde kommen und euch an der Hand dorthin führen, wo auch ich bin.«

Es ist nicht leicht, sich vom Herrn *trösten* zu lassen. Häufig sind wir in den schwierigen Augenblicken wütend auf den Herrn und wollen nicht, dass er kommt und zu uns so redet, so voller Sanftmut, so voller Nähe, mit dieser Milde, mit dieser Wahrheit und dieser Hoffnung.

Zwei Reichtümer, die nicht vergehen

Gott spricht uns heute an, was den Sinn unseres Daseins angeht. Wenn wir ein Bild dafür verwenden wollen, könnte man sagen, dass die Seiten des Evangeliums sich wie ein Sieb in das Dahinfließen unseres Lebens schieben: Sie erinnern uns daran, dass in dieser Welt fast alles vergeht wie das Wasser, das davonfließt. Aber es gibt kostbare Realitäten, die bleiben, wie ein Edelstein im Sieb. Und was bleibt uns da, was hat Wert im Leben, welche Reichtümer verschwinden nicht? Sicher zwei: der Herr und der Nächste. Diese beiden Reichtümer schwinden nie! Das sind die größten Güter, die wir lieben können. Der ganze Rest – der Himmel, die Erde, die schönsten Dinge – vergeht. Wir aber dürfen Gott und den Nächsten nicht aus unserem Leben ausschließen.

Das Heil einer neuen Zeit

Die Auferstehung ist nicht nur ein weit zurückliegendes, historisches Ereignis, das wir heute im Gedenken feiern. Sie ist so viel mehr: Sie ist die Verkündigung einer neuen Zeit, die schon heute anklingt und sich Bahn bricht: »Schon sprießt es, merkt ihr es nicht?« (JES 43,19) Sie ist die *An-kunft*, zu deren Vorbereitung der Herr uns ruft. Der Glaube ermöglicht uns eine realistische und kreative Vorstellungskraft, die sich aus der Logik der Wiederholung, der Surrogate und der schlichten Erhaltung lösen kann. Er lädt uns ein, eine immer neue Zeit zu begründen: die Zeit des Herrn. Wenn uns eine unsichtbare, schweigende, sich ausbreitende, virale Präsenz erschüttert und in die Krise gestürzt hat, dann lassen wir doch diese andere Präsenz ein, die uns diskret, respektvoll und nicht-invasiv ruft und uns lehrt, keine Angst zu haben im Umgang mit der Wirklichkeit. Wenn eine kaum greifbare Präsenz in der Lage war, die Prioritäten und die scheinbar unverrückbare globale Agenda aus den Fugen geraten zu lassen, die unsere Gemeinschaften und unsere Schwester Erde ersticken und zerstören, dann sollten wir uns nicht fürchten, wenn die Präsenz des Auferstandenen unseren Weg vorzeichnet, uns neue Horizonte eröffnet und uns den Mut gibt, in diesem einzigartigen historischen Augenblick zu leben. Eine Handvoll ängstlicher Männer war fähig, eine neue Strömung zu begründen, die lebendige Verkündigung des Gottes, der mit uns ist. Fürchtet euch nicht!

Ein Leben im Licht

In dieser Welt leben wir von vorläufigen Wirklichkeiten, die ein Ende finden werden. Im Jenseits aber, nach der Auferstehung, erwartet uns nicht mehr der Tod am Horizont, und wir leben alles, auch die menschlichen

Beziehungen, in der Dimension Gottes, auf verklärte Weise. Auch die Ehe, Zeichen und Werkzeug der Liebe Gottes in dieser Welt, wird verklärt in neuem Licht leuchten, in der glorreichen Gemeinschaft der Heiligen im Paradies.

Die »Kinder des Himmels und der Auferstehung« sind nicht nur einige wenige Privilegierte, sondern alle Männer und alle Frauen, aufgrund des Heils, das Jesus für jeden von uns gebracht hat. Und das Leben der Auferstandenen wird dem der Engel ähneln (LK 20,36), also ganz in das Licht Gottes getaucht sein, sich ganz seinem Lob widmen, in einer Ewigkeit voller Freude und Frieden. Aber aufgepasst! Die Auferstehung besteht nicht nur in der Auferstehung nach dem Tode, sie steht vielmehr für eine neue Art des Lebens, das wir schon heute erfahren. Sie ist der Sieg über das Nichts, den wir heute schon schmecken dürfen. Die Auferstehung ist die Grundlage des Glaubens und der christlichen Hoffnung!

Warte auf die Zukunft, lebe in der Gegenwart

Ich möchte gerne an den Kardinal François Xavier Nguyên Van Thuân erinnern, der ins Konzentrationslager kam und seine Tage nicht nur mit dem Warten und Hoffen auf die Zukunft verbringen wollte. Er entschied sich, »den gegenwärtigen Augenblick zu leben und ihn mit Liebe zu erfüllen«. Und das tat er so: »Ergreife jeden Tag die Gelegenheit, alltägliche Dinge auf großartige Weise zu erledigen.« Während du darum kämpfst, deine Träume zu verwirklichen, lebe das Heute in vollen Zügen, gib es ganz hin und erfülle es in jedem Augenblick mit Liebe. Denn es ist wahr, dass dieser Tag deiner Jugend dein letzter sein kann, daher lohnt es die Mühe, ihn mit all deiner Sehnsucht und all deiner Tiefe zu füllen.

Die Hoffnung sein

Alles steht in Beziehung

WENN DAS HERZ wirklich offen ist für eine universelle Gemeinschaft, dann ist nichts und niemand aus dieser geschwisterlichen Bindung ausgeschlossen. Daher trifft es auch zu, dass Gleichgültigkeit oder Grausamkeit gegenüber anderen Geschöpfen dieser Welt sich stets darauf auswirkt, wie wir andere Menschen behandeln. Wir haben nur ein Herz, und das gleiche Elend, das dazu verleitet, ein Tier zu misshandeln, zeigt sich bald auch in der Beziehung zu anderen Menschen. Jede Misshandlung jeglicher Kreatur »widerspricht der Würde des Menschen«. Wir können uns nicht als liebende Menschen betrachten, wenn wir einen Teil der Wirklichkeit aus unseren Interessen ausschließen. »Frieden, Gerechtigkeit und die Bewahrung der Schöpfung sind drei absolut miteinander verbundene Themen, die nicht getrennt und einzeln behandelt werden können, ohne erneut in Reduktionismus zu verfallen.« »Alles steht miteinander in Beziehung, und alle Menschen sind vereint als Brüder und Schwestern auf einer wunderbaren Pilgerfahrt, verbunden durch die Liebe, die Gott für jedes einzelne seiner Geschöpfe empfindet und die uns in zärtlicher Zuneigung mit Bruder Sonne, Schwester Mond, Bruder Fluss und Mutter Erde verbindet.«

Wie sollen wir nicht zusammenarbeiten?

Wir Christen sind vereint im Glauben an Gott, den Vater, der uns das Leben gibt und uns so sehr liebt. Uns vereint der Glaube an Jesus Christus, den einzigen Erlöser, der uns mit seinem geheiligten Blut und seiner glorreichen Auferstehung befreit hat. Wir sind vereint im Wunsch, dass seine Worte unsere Schritte lenken mögen. Wir sind vereint im Feuer des Heiligen Geistes, das uns zur Mission antreibt. Wir sind vereint im neuen Gebot, das Jesus uns hinterlassen hat, der Suche nach einer Zivilisation der Liebe, der Leidenschaft für das Reich, das der Herr uns aufruft, mit ihm zusammen aufzubauen. Wir sind vereint im Kampf für den Frieden und die Gerechtigkeit. Wir sind vereint in der Überzeugung, dass mit diesem Leben nicht alles vorüber ist, sondern dass wir zum himmlischen Fest gerufen sind, bei dem Gott jede Träne trocknet und annimmt, was wir für jeden einzelnen Leidenden getan haben.

All das eint uns. Wie also sollten wir nicht gemeinsam kämpfen? Wie sollten wir nicht gemeinsam beten und Seite an Seite zusammenarbeiten, um das heilige Antlitz des Herrn zu zeigen und Sorge zu tragen für sein schöpferisches Werk?

Unser gemeinsames Haus erbauen

Die Welt ist weit mehr als nur ein Problem, das der Lösung harrt. Sie ist ein glorreiches Geheimnis, das wir voller Seligkeit und Lobpreis betrachten. Die dringliche Herausforderung, unser gemeinsames Haus zu schützen, umfasst auch die Sorge dafür, die Menschenfamilie zu einen, im Streben nach einer nachhaltigen und ganzheitlichen Entwicklung, denn wir wissen, dass die Dinge jederzeit umschlagen können. Der Schöpfer lässt uns nicht im Stich, er wird sich aus seinem Projekt der Liebe nie zurückziehen und niemals bedauern, dass er uns geschaffen hat. Die Menschheit besitzt immer noch die Fähigkeit zusammenzuarbeiten, um unser gemeinsames Haus zu erbauen.

Werdet zur Hoffnung

Auch ein junger Mann oder eine junge Frau, die in den Augen der Welt wenig oder nichts zählt, ist in den Augen Gottes ein Apostel des Reiches, eine Hoffnung auf Gott! Daher möchte ich alle Jugendlichen mit Nachdruck fragen: Wollt ihr eine Hoffnung auf Gott sein? Wollt ihr eine Hoffnung sein? Wollt ihr eine Hoffnung für die Kirche sein?

Ein junges Herz, das die Liebe Christi empfängt, wird zur Hoffnung für andere Menschen. Das ist eine enorme Kraft! Ihr aber, ihr jungen Männer und Frauen, müsst euch wandeln, müsst euch in Hoffnung verwandeln! Stoßt die Tore auf in eine neue Welt der Hoffnung. Das ist eure Aufgabe.

Denken wir doch nur an die vielen Jugendlichen, die dem auferstandenen Christus beim Tag der Jugend begegnet sind, die seine Liebe in den Alltag tragen, sie leben, sie weitergeben. Sie landen nicht in den Schlagzeilen, weil sie keine Gewalttaten begehen, keine Skandale anzetteln und daher nie in der Zeitung auftauchen. Aber wenn sie in Jesus vereint bleiben, schaffen sie sein Reich. Sie schaffen Brüderlichkeit, Gemeinsamkeit und Werke der Barmherzigkeit. Sie sind eine starke Kraft, die die Welt gerechter und schöner macht, indem sie sie verwandeln! Daher möchte ich alle Jugendlichen fragen: Habt ihr den Mut, diese Herausforderung anzunehmen?

Habt ihr den Schneid, diese Kraft der Liebe und der Barmherzigkeit zu sein, die den Mut hat, die Welt ändern zu wollen?

Liebe Freunde, das ist die wahre große Nachricht der Geschichte, die frohe Botschaft, auch wenn sie nicht von Presse und Fernsehen verkündet wird: Wir werden von Gott geliebt, der unser Vater ist und uns seinen Sohn Jesus gesandt hat, damit er uns nahekommt und uns rettet.

Die Leidenden, Boten des Lichts

Das Licht des Glaubens lässt uns nicht die Leiden der Welt vergessen. Für viele Männer und Frauen des Glaubens sind die Leidenden vielmehr Boten des Lichts! Wie der Leprakranke für den heiligen Franz von Assisi oder die Armen Kalkuttas für Mutter Teresa. Sie haben verstanden, welches Geheimnis in diesen Menschen liegt. Sie haben sich ihnen genähert und konnten sicher nicht alle Leiden beseitigen oder alles Böse erklären. Der Glaube ist kein Licht, das all unsere Dunkelheit vertreibt. Er ist vielmehr die Lampe, die in der Nacht unsere Schritte lenkt, und das genügt für den Weg. Dem Leidenden gibt Gott keine Erklärung, die alles erhellt. Seine Antwort kommt vielmehr in der Form einer Präsenz, die ihn begleitet, einer Geschichte des Guten, die sich der Geschichte des Leidens zugesellt, um einen Spalt ins Licht aufzutun. In Christus hat Gott selbst mit uns diesen Weg geteilt und uns seinen Blick angeboten, damit wir darin das Licht erkennen. Christus, der das Leid ertragen hat, ist »der Urheber und Vollender des Glaubens«. (HEBR 12,2)

Das Leiden ruft uns ins Gedächtnis, dass der Dienst des Glaubens am Gemeinwohl immer ein Dienst der Hoffnung ist, der nach vorne blickt. Er weiß, dass nur Gott in der Zukunft, die vom auferstandenen Christus her kommt, ein solides und dauerhaftes Fundament für unsere Gesellschaft ist. In diesem Sinne ist der

Glaube immer mit der Hoffnung verbunden, denn auch wenn unsere irdische Bleibe ein für alle Mal zerstört ist, haben wir immer eine ewige Wohnung im Herrn, die Gott in Christus geschaffen hat, in seinem Leib (2 KOR 4,16–5,5). Die Dynamik des Glaubens, der Hoffnung und der Barmherzigkeit (1 THESS 1,3; 1 KOR 13,13) lässt uns die Sorgen aller Menschen annehmen, während wir auf jene Stadt zugehen, »die Gott selbst geplant und gebaut hat« (HEB 11,10), denn »die Hoffnung lässt nicht zugrunde gehen«. (RÖM 5,5)

Werden wir bessere Menschen werden?

Vor uns steht die Aufgabe, eine neue Welt zu schaffen. Der Herr wird das tun, wir aber können mitarbeiten: »Seht, ich mache alles neu!« (OFFB 21,5)

Wenn wir diese Pandemie überstanden haben, können wir nicht weitermachen wie gehabt und weiter das Gleiche tun. Nein, alles wird anders sein. All dieses Leid wird nichts genützt haben, wenn wir nicht gemeinsam eine gerechtere, weniger ungleiche, christlichere Gesellschaft schaffen. Und zwar nicht nur dem Namen nach, sondern tatsächlich. Eine Wirklichkeit, die uns zu einem christlichen Verhalten führt. Wenn wir nicht daran arbeiten, die Pandemie der Armut in der Welt zu beenden, die Pandemie der Armut in jedem unserer Länder, in den Städten, in denen jeder von uns lebt, dann wird diese Zeit umsonst gewesen sein.

Aus den großen Prüfungen der Menschheit, zu denen diese Pandemie gehört, geht man besser oder schlechter hervor. Gleich bleiben wir nicht.

Und ich frage euch: Wie wollt ihr daraus hervorgehen? Besser oder schlechter? Aus diesem Grund öffnen wir uns heute für den Heiligen Geist, damit er unser Herz verwandelt und uns hilft, als besserer Mensch daraus hervorzugehen.

Und wir werden nicht zu besseren Menschen werden, wenn wir uns nicht an dem messen lassen, was Jesus sagt: »Denn ich war hungrig und ihr habt mir zu essen gegeben; ich war im Gefängnis und ihr seid zu mir gekommen; ich war fremd und ihr habt mich aufgenommen.« (MT 25,35–36)

Nur die Liebe löscht den Hass aus

Während Jesus am Kreuz kurz vor seinem Tod den Augenblick des schlimmsten Schmerzes und der Liebe durchlebt, wird er von den Menschen rundherum verhöhnt: »Rette dich selbst!« (MK 15,30) Es ist dies eine entscheidende Versuchung, die uns alle befällt, auch uns Christen: die Versuchung, nur an sich selbst zu denken oder an die eigene Gruppe, nur die eigenen Probleme und Interessen im Kopf zu haben, während alles andere nicht zählt. Das ist ein sehr menschlicher Instinkt, aber trotzdem böse. Und es ist die letzte Versuchung des gekreuzigten Gottes.

Rette dich selbst. Das waren zuerst die Worte jener, »die vorbeikamen« (MK 15,29). Ganz normale Leute, die Jesus predigen gehört hatten und Zeugen waren, wie er Wunder wirkte. Und jetzt sagen sie zu ihm: »Rette dich selbst. Steig vom Kreuz herab.« Sie hatten kein Mitleid mit ihm, sondern wollten ein Wunder sehen, wollten sehen, wie er vom Kreuz herabsteigt. Vielleicht hätten auch wir hin und wieder lieber einen spektakulären Gott anstelle eines barmherzigen, einen Gott, der in den Augen der Welt mächtig ist, der sich mit Gewalt durchsetzt und alle niederschmettert, die uns Böses wollen. Aber das ist nicht Gott, sondern unser Ich. Wie oft hätten wir gerne einen Gott nach unseren Maßstäben, statt uns den seinen anzupassen. Einen Gott wie wir, statt ihm gleich zu werden! Aber so ersetzen wir die Anbetung Gottes durch die Anbetung unseres Ich. Ein Kult, der sich ausbreitet und sich davon nährt, dass *uns unsere Mitmenschen gleichgültig sind.* Die Passanten interessierten sich nur insofern für Jesus, als er ihre Wünsche erfüllte. Als Abschaum am Kreuz interessierte er sie nicht mehr. Er war vor ihren Augen, aber weit weg von ihren Herzen. Gleichgültigkeit hielt sie vom Antlitz Gottes fern.

Rette dich selbst. Als Nächstes treten die Hohepriester hervor und die Schriftgelehrten. Sie haben Jesus ver-

urteilt, weil er für sie eine Gefahr darstellte. Wir alle
sind gut darin, andere ans Kreuz zu schlagen, um uns
selbst zu retten. Jesus hingegen lässt sich ans Kreuz
schlagen, um uns zu lehren, dass wir unsere Übel nicht
auf anderen abladen sollen. Diese religiösen Führer
klagen ihn gerade wegen der anderen Menschen an:
»Andere hat er gerettet, sich selbst kann er nicht retten.« (VERS 31) Sie kannten Jesus, erinnerten sich daran,
wie er andere geheilt und befreit hatte. Und sie ziehen
daraus einen gefährlichen Schluss: Sie deuten an, dass es
nicht gut ist, andere zu retten und ihnen zu helfen. Er,
der sich so sehr für die anderen eingesetzt hatte, verliert
sich nun selbst! Die Anklage ist ein Witz! Sie verwendet religiöse Begriffe, wenn sie vom »Retten« spricht.
Aber das »Evangelium« der Selbstrettung ist nicht das
Evangelium des Heils. Es ist das durch und durch falsche, zweifelhafte Evangelium, das den Mitmenschen
das Kreuz auferlegt. Das wahre Evangelium hingegen
nimmt das Kreuz der anderen auf sich.

Rette dich selbst. Ein drittes Mal sind es nun die mit
Jesus Gekreuzigten, die in den Chor der Herausforderung einstimmen. Wie einfach es doch ist, zu kritisieren,
über jemanden herzuziehen, das Schlechte im anderen
zu sehen und nicht in sich selbst. Am Ende lädt man die
Schuld auf den Schwächsten und den Ausgegrenzten
ab! Aber warum wüten selbst die Gekreuzigten gegen
Jesus? Weil er sie nicht vom Kreuz befreit. Sie sagen zu
ihm: »Rette dich und *uns*!« (LK 23,39) Sie wenden sich

an Jesus, um ihre eigenen Probleme zu lösen. Aber Gott kommt nicht, um uns von Problemen zu befreien, die ja doch immer wiederkehren, sondern um uns vor dem wahren Problem zu retten, nämlich der fehlenden Liebe. Das ist der tiefere Grund für unsere persönlichen, sozialen, internationalen und umweltbedingten Probleme. Nur an sich zu denken, ist der Vater allen Übels. Nur einer der Verbrecher betrachtet Jesus und sieht in ihm die Milde der Liebe. Und er kommt ins Paradies, nur weil er Folgendes tat: Er lenkte die Aufmerksamkeit von sich auf Jesus, von sich auf den Menschen an seiner Seite (VERS 42).

Auf dem Kalvarienberg fand das große Duell zwischen Gott statt, der gekommen war, um uns zu retten, und dem Menschen, der nur sich selbst retten will. Zwischen dem Glauben an Gott und dem Kult des Ich. Zwischen dem Menschen, der anklagt, und Gott, der vergibt. Und es kam zum Sieg Gottes. Seine Barmherzigkeit stieg herab in die Welt. Vom Kreuz ging die Vergebung aus, wurde die Geschwisterlichkeit neu geboren, wie Benedikt XVI. bekräftigt: »Das Kreuz macht uns zu Geschwistern.« Die Arme Jesu, ausgebreitet am Kreuz, bezeichnen den Wendepunkt, denn Gott zeigt nicht mit Fingern auf die Menschen, sondern umarmt einen jeden. Denn nur die Liebe kann den Hass auslöschen, nur die Liebe siegt am Ende über die Ungerechtigkeit. Nur die Liebe macht Platz für den anderen. Nur die Liebe ist der Weg zur vollen Gemeinschaft unter uns.

Macht euch auf den Weg

Das möchte ich vor allem der Jugend sagen, die, aufgrund ihres Alters und aufgrund ihres Blicks auf die Zukunft, die sich vor ihren Augen auftut, bereitwillig und großherzig ist. Manchmal geschieht es, dass die Unwägbarkeiten und die Sorgen um die Zukunft sowie die Unsicherheit, die den Alltag begleitet, ihren Schwung lähmen und ihre Träume beschneiden, sodass sie denken, ein Engagement hätte keinen Sinn und der Gott des christlichen Glaubens würde ihre Freiheit begrenzen. Jedoch, liebe junge Menschen, sollte die Angst, aus sich herauszugehen und sich auf den Weg zu machen, in euren Herzen nicht existieren! Das Evangelium ist das Wort, das unser Leben befreit, verändert und verschönt.

Sich immer für den Horizont entscheiden

Die Frauen sind die Ersten, die es verkünden (MT 28,8): Immer fängt Gott mit den Frauen an, immer. Sie brechen Bahnen. Sie zweifeln nicht, sie wissen: Sie haben ihn gesehen, haben ihn berührt. Sie haben das leere Grab gesehen. Es stimmt schon, die Jünger wollten ihnen nicht glauben. Sie haben sich gesagt: »Aber diese Frauen fantasieren vielleicht …« Ich weiß nicht. Jedenfalls hatten sie Zweifel. Aber die Frauen waren sich

sicher und schließlich haben sie das Ganze vorange-
trieben bis heute: Jesus ist auferstanden. Er lebt mitten
unter uns (MT 28,9–10).

Dann ist da noch die andere Front derer, die denken: Dieses leere Grab wird uns noch einige Probleme
machen. Daher verheimlichen sie, was geschehen ist. Es
ist wie immer: Wenn wir Gott nicht dienen, dem Herrn,
dienen wir dem anderen Gott, dem Geld. Wir erinnern
uns, was Jesus gesagt hat: Es gibt zwei Herren – Gott,
den Herrn, und den Mammon. Beiden kann man nicht
dienen. In Verkennung dieser Tatsache haben sich die
Schriftgelehrten für den anderen Weg entschieden, den
des Geldes: Sie erkauften das Schweigen (MT 28,12–13).
Das Schweigen der Zeugen.

Kaum war Jesus tot, hatte einer der Hauptleute
ausgerufen: »Wahrhaftig, dieser Mensch war Gottes
Sohn.« (MK 15,39) Aber die Wachen am Grab, die Ärmsten, verstanden nicht, was los war. Sie hatten Angst um
ihr Leben ... Daher gingen sie zu den Hohepriestern
und Schriftgelehrten, und diese gaben ihnen Geld. Sie
bestachen die Wachen, damit diese erzählten, es seien
die Jünger gewesen, die Jesu Leichnam aus dem Grab
geholt haben. Sie haben deren Schweigen erkauft. Und
dies, liebe Schwestern und Brüder, ist kein einfaches
Schmiergeld: Es ist blanke Korruption in ihrer reinsten
Form. Wenn du dich nicht zum Herrn Jesus Christus
bekennst, dann überlege wieso: Wo ist das Siegel deines Grabes? Wo ist bei dir die Korruption? Sicher, viele

Menschen bekennen sich nicht zu Christus, weil sie ihn nicht kennen, weil wir ihn nicht richtig vermittelt haben. Das ist allein unsere Schuld. Aber wenn man trotz ausgemachter Tatsachen diesen Weg einschlägt, dann ist das der Weg des Teufels, der Pfad der Korruption.

Möge der Herr uns stets helfen, die Verkündigung zu wählen, ob nun im privaten oder im sozialen Leben: Die Verkündigung, die unser Horizont ist und uns immer offensteht. Möge er uns helfen, das Gute für die Menschen zu wählen. Und niemals ins Grab des Gottes Geld zu fallen.

Ein Feuer, das sich erneuert

Ein Erwachsener muss reifen, ohne die Werte der Jugend zu verlieren. Denn in Wahrheit besitzt jede Phase unseres Lebens eine andauernde Gnade, einen Wert, der nicht vergehen darf. Eine gut gelebte Jugend bleibt uns als innere Erfahrung erhalten und wird im Erwachsenenleben integriert und vertieft, sodass sie auch dann noch Früchte trägt. Wo es typisch für die Jugend ist, sich vom Unendlichen, das sich öffnet und beginnt, angezogen zu fühlen, besteht im Erwachsenenleben mit seinen Sicherheiten und seiner Bequemlichkeit die Gefahr, dass wir diesen weiten Horizont immer mehr vernachlässigen und jenen Wert einbüßen, der der Jugend eigen ist. Gerade das Gegenteil müsste

geschehen: reifen, wachsen und das eigene Leben orga-
nisieren, ohne diese Faszination zu verlieren, diese
Weite, diese Verzauberung durch eine Wirklichkeit, die
immer etwas mehr ist. In jedem Augenblick des Lebens
können wir so unsere Jugend erneuern und wachsen
lassen. Als ich meinen Dienst als Papst antrat, hat der
Herr meinen Horizont erweitert und mir eine erneu-
erte Jugend geschenkt. Das kann auch einem Paar passieren, das seit vielen Jahren zusammen ist, oder einem
Mönch in seinem Kloster. Es gibt Dinge, die sich mit
den Jahren setzen müssen, doch diese Reife kann mit
einem Feuer einhergehen, das sich ständig erneuert,
einem Herz, das immer jung bleibt.

Scheitern und Erkenntnisse in der Familie

Wie viele Familien leben in der Angst, weil eines ihrer
Mitglieder – häufig sehr jung – dem Alkohol verfallen
ist, den Drogen, der Spielsucht oder der Pornografie!
Wie viele Menschen finden keinen Sinn mehr im Leben,
erkennen keinerlei Aussicht mehr auf eine gute Zukunft
und haben deshalb die Hoffnung verloren! Und wie
viele Menschen werden in dieses Elend gezwungen von
ungerechten sozialen Bedingungen, von der Arbeitslo-
sigkeit, die sie ihrer Würde beraubt, weil sie für ihre
Familie kein Brot mehr verdienen können. Und all
das nur, weil es keine Gleichheit gibt, wo es um das

Recht auf Bildung und Gesundheit geht. In diesen Fällen kommt das moralische Elend einem beginnenden Selbstmord gleich. Diese Art des Unglücks, das auch die Wirtschaft ruiniert, geht stets einher mit einer spirituellen Verelendung, die uns trifft, wenn wir uns von Gott entfernen und seine Liebe ablehnen. Wenn wir glauben, Gott nicht nötig zu haben, der uns in Christus die Hand reicht, weil wir denken, wir hätten an uns selbst genug, dann schreiten wir auf dem Weg des Scheiterns voran. Gott ist der Einzige, der wahrhaft rettet und befreit.

Der nicht ganz einfache Prozess des Miteinanders

Die Aufnahme und würdige Integration sind Etappen in einem nicht ganz einfachen Prozess. Und doch ist es undenkbar, ihn anzugehen, indem man Mauern errichtet. Mir macht es Angst, wenn ich die Reden der Führer des neuen Populismus höre. Sie erinnern mich an jene, die in den Dreißigerjahren des vergangenen Jahrhunderts zuerst Angst und dann Hass gesät haben. Dieser Prozess der Aufnahme und der würdevollen Integration ist, wie gesagt, undenkbar, wenn man Mauern errichtet. Auf diese Weise macht man den Zugang zum Reichtum unmöglich, den der andere mit sich bringt und der immer eine Gelegenheit zum Wachstum darstellt. Wenn man den Wunsch nach Gemeinschaft leugnet, der ins Herz des Menschen ebenso eingeschrieben ist wie in die Geschichte der Völker, stellt man sich der Vereinigung der Menschheitsfamilie in den Weg, die sich unter tausend Widrigkeiten schon abzeichnet. Vor Kurzem erst hat mir ein Künstler aus Turin ein Bild geschickt, Brandmalerei auf Holz. Es stellt die Flucht nach Ägypten dar und zeigt einen heiligen Josef, der keineswegs so ruhig dreinschaut, wie wir es von den vielen Darstellungen seiner Person gewöhnt sind. Er sieht aus wie ein syrischer Flüchtling und trägt das Kind auf den Schultern: Das zeigt ohne Beschönigung den Schmerz, mit dem das Drama um das Jesuskind verbunden war, das nach Ägypten fliehen musste. Dasselbe Drama, das heute vor unseren Augen geschieht.

Nur im Dialog können wir uns treffen, können Vorurteile und klischeehafte Vorstellungen überwinden, können uns besser kennenlernen und uns besser mitteilen. Der Dialog ist das *Miteinander*.

Eine besondere Gelegenheit in dieser Hinsicht ergibt sich durch die neuen Generationen, wenn sie den Zugang zu den Ressourcen haben und endlich zu Protagonisten ihres eigenen Weges werden: Dann erweisen sie sich als Lebensader, die Zukunft und Hoffnung schafft. Doch dieses Resultat ist nur dort möglich, wo es eine nicht nur oberflächliche Form der Aufnahme gibt, die aufrichtig und wohlwollend ist, von allen auf allen Ebenen praktiziert wird, im Alltag der zwischenmenschlichen Beziehungen ebenso wie auf politischer und institutioneller Ebene. Die gefördert wird von allen Kulturschaffenden, die eine stärkere Verantwortung für die öffentliche Meinung tragen.

Die Liebe ist stärker als der Verfall

Es ist nachgewiesen, dass extreme Entbehrungen, wie sie in einem Umfeld ohne Harmonie, Raum und Integrationsmöglichkeiten erfahren werden, zu unmenschlichen Verhaltensweisen und zur Manipulation der Menschen durch kriminelle Organisationen führen. Für die Bewohner der Problemviertel am Rand der Städte sieht die Alltagserfahrung so aus: Sie gehen unter im Gedränge der sozialen Anonymität großer Städte, und dies führt zu einem Gefühl der Entwurzelung und schließlich zu antisozialem und gewaltsamem Verhalten. Und doch möchte ich hier unterstreichen, dass die Liebe stärker ist. Viele Menschen sind auch unter solchen Umständen fähig, Bande der Zugehörigkeit und des Zusammenlebens zu knüpfen, die das Gedränge in eine Gemeinschaftserfahrung münden lassen, die die Mauern des Ich durchschlägt und die Barrieren des Egoismus überwindet. Diese Erfahrung des gemeinschaftlichen Heils weckt häufig kreative Kräfte, die solche Häuser oder Viertel verschönern.

Alles ist im Wandel

Und alles wird anders: Die Wüste blüht, der Trost und die Freude durchziehen die Herzen. Diese Zeichen verwirklichen sich in Jesus. Er selbst betont dies, als er mit den Boten von Johannes dem Täufer spricht. Was sagt er ihnen? »Blinde sehen wieder, und Lahme gehen; Aussätzige werden rein und Taube hören; Tote stehen auf.« (MT 11,5) Das sind nicht nur Worte, sondern Fakten, die belegen, wie das von Jesus gebrachte Heil den ganzen Menschen ergreift und ihn erneuert. Gott ist in die Geschichte eingetreten, um uns aus der Sklaverei der Sünde zu befreien. Er hat seine Zelte mitten unter uns aufgeschlagen, um unser Dasein mit uns zu teilen, unsere Wunden zu heilen und unsere Verletzungen zu verbinden und uns ein neues Leben zu schenken. Die Freude ist die Frucht dieser Wirkung des Heils und der Liebe Gottes.

Wir sind aufgerufen, uns von dem Jubel anstecken zu lassen, von der Herzensfreude, der inneren Freude, die uns vorwärts trägt und uns Mut schenkt. Ein Christ, der sich nicht freuen kann, dem fehlt etwas oder er ist kein Christ! Der Herr kommt, er tritt in unser Leben als Befreier. Er befreit uns von aller äußerer und innerer Versklavung. Er ist es, der uns den Weg der Treue weist, der Geduld und der Beharrlichkeit, damit bei seiner Wiederkehr unsere Freude vollendet wird.

Gott heilt unsere »Erinnerungen«

Es ist ganz wesentlich, dass wir uns an das Gute erinnern, das uns zuteilgeworden ist: Ohne es zu unserer Erinnerung zu machen, werden wir uns selbst fremd, wir werden »vorübergehende« Existenzen. Ohne Erinnerung entwurzeln wir uns von dem Boden, der uns nährt, sodass wir davongetragen werden wie Blätter vom Wind. Sich zu erinnern, hingegen heißt, sich an die stärksten Bande zu heften, sich als Teil einer Geschichte zu fühlen und mit einem Volk zu atmen. Die Erinnerung ist keine Privatsache, sie ist der Weg, der uns mit Gott und den anderen Menschen verbindet.

Aber es gibt da ein Problem: Was, wenn die Kette der Überlieferung reißt? Wie sollen wir uns an das erinnern, was wir nur vom Hörensagen kennen, ohne es selbst erfahren zu haben? Gott weiß, wie schwierig das ist. Er weiß, wie brüchig unser Gedächtnis ist, daher hat er für uns etwas Unerhörtes getan: Er hat uns eine *Gedenkfeier* geschenkt. Er hat uns nicht nur Worte hinterlassen, denn nur allzu leicht vergisst man, was man gehört hat. Er hat uns nicht nur die Heilige Schrift geschenkt, denn nur allzu leicht vergisst man, was man gelesen hat. Er hat uns nicht nur Zeichen hinterlassen, denn man vergisst auch, was man gesehen hat. Er hat uns Nahrung gegeben, und es ist sehr schwer, einen Geschmack zu vergessen. Er hat uns das Brot hinterlassen, in dem er lebendig und wahrhaft gegenwärtig ist, mit all dem

Geschmack seiner Liebe. Und wenn wir es bekommen, so können wir sagen: »Das ist der Herr! Er erinnert sich meiner!« Aus diesem Grund hat Jesus uns gebeten: »Tut dies zu meinem Gedächtnis!« (1 KOR 11,24)

Das verwaiste Gedächtnis

Der Herr heilt vor allem unser *verwaistes Gedächtnis*. Wir leben in einer verwaisten Zeit. So viele Menschen erinnern sich an fehlende Liebe, an bittere Enttäuschungen durch Menschen, die uns hätten Liebe geben sollen, die aber stattdessen ihr Herz verwaisen ließen. Am liebsten würde man umkehren und die Vergangenheit verändern, aber das ist nun mal unmöglich. Gott aber kann diese Wunden heilen, indem er unser Gedächtnis in eine größere Liebe einfügt: die seine. Die Eucharistie schenkt uns die getreue Liebe des Vaters, die unser Verwaistsein heilt. Sie schenkt uns die Liebe Jesu, die ein Grab verwandelt hat von einem Endpunkt zu einem Punkt des Aufbruchs und die auf die gleiche Weise unser Leben wandeln kann. Sie schenkt uns die Liebe des Heiligen Geistes, der tröstet, weil er uns niemals verlässt, und alle Wunden heilt.

Die negative Erinnerung

Mit der Eucharistie heilt der Herr auch unsere *negativen Erinnerungen,* heilt uns von jener Negativität, die in unserem Herzen so häufig vorzufinden ist. Der Herr heilt dieses negative Erinnern, das uns immer jene Dinge zeigt, die nicht funktionieren, sodass wir schließlich traurig glauben, zu nichts gut zu sein, nur Fehler zu machen, und überhaupt: dass mit uns etwas nicht stimmt. Jesus sagt uns, dass dem nicht so ist. Er freut sich, uns näherzukommen. Und jedes Mal, wenn wir ihn empfangen, erinnert er uns daran, dass wir kostbar sind: Wir sind die erwarteten Gäste bei seinem Festmahl, jene, die er sich wünscht. Und das nicht nur, weil er großzügig ist, sondern weil er uns wirklich liebt: Er sieht und liebt das Schöne und Gute, das wir sind. Der Herr weiß, dass das Böse und die Sünden nicht unserer Identität entsprechen. Es sind Krankheiten, Infektionen. Und er heilt sie mit der Eucharistie, die Antikörper gegen die Krankheit der Negativität enthält. Mit Jesus können wir uns *gegen die Traurigkeit immunisieren.* Wir werden auch weiterhin unser Scheitern, unsere Erschöpfung, die Probleme zu Hause und am Arbeitsplatz, unsere unerfüllten Träume vor Augen haben. Aber ihr Gewicht wird uns nicht erdrücken, denn Jesus ermutigt uns mit seiner Liebe. Das ist die Kraft der Eucharistie, die uns zu *Trägern Gottes* macht: Träger der Freude, nicht der Negativität. Wir, die wir zur Messe gehen, sollten uns fragen: Was tragen wir in die Welt? Unsere Traurigkeit, unsere Verbitterung oder die Freude des Herrn? Wir gehen zur Kommunion und hinterher jammern, kritisieren und heulen wir weiter? Aber davon wird nichts besser, während die Freude des Herrn das Leben verändert.

Unser verschlossenes Gedächtnis

Die Eucharistie heilt auch unser *verschlossenes Gedächtnis.* Die Wunden, die wir in uns tragen, machen ja nicht nur uns, sondern auch anderen Probleme. Sie machen uns ängstlich und misstrauisch: Anfangs sind wir verschlossen, auf lange Sicht aber werden wir zynisch und gleichgültig. Sie bringen uns dazu, auf unsere Mitmenschen mit Distanz und Herablassung zu reagieren in dem illusorischen Glauben, dass wir so die Situation unter Kontrolle haben. Aber da täuschen wir uns: Nur die Liebe kann die Wurzel der Angst heilen und uns von der Verschlossenheit befreien, die wie ein Gefängnis ist. Dies tut Jesus, der uns voller Milde entgegenkommt, in der entwaffnenden Brüchigkeit der Hostie. Dies tut Jesus, das Brot, das gebrochen wird, um die Schalen unseres Egoismus zu brechen. Das tut Jesus, der sich hingibt, um uns zu sagen, dass wir uns nur von den inneren Blockaden und der Lähmung des Herzens befreien können, wenn wir uns öffnen.

Weniger ist mehr

Die christliche Spiritualität geht von einem anderen Blick auf die Lebensqualität aus und ermutigt uns zu einem prophetischen und kontemplativen Lebensstil, der uns tiefe Freude empfinden lässt, ohne uns vom Konsumdenken vereinnahmen zu lassen. Daher ist es so wichtig, dass wir uns an ein altes Motto erinnern, das in verschiedenen Traditionen bekannt ist, auch in der Bibel. Es handelt sich um die Überzeugung, dass »weniger mehr ist«. Tatsächlich lenkt die ständige Möglichkeit zum Konsum das Herz ab und verhindert, dass wir Dinge und Momente tatsächlich schätzen können. Im Gegensatz dazu erfahren wir viel mehr Möglichkeiten zu Verständnis und persönlicher Verwirklichung, wenn wir im Angesicht jeder Realität präsent sein können. Die christliche Spiritualität regt zu einem Wachstum in Schlichtheit an und zur Fähigkeit, sich an wenigem zu freuen. Sie ist eine Rückkehr zur Einfachheit, die uns erlaubt, innezuhalten und die kleinen Dinge zu würdigen, für die Chancen zu danken, die uns das Leben bietet, ohne sich an das zu klammern, was wir haben, oder traurig zu sein über etwas, das wir nicht besitzen.

Gemeinsam kommen
wir weiter

Man investiert: in Gesundheit, in Arbeit, in die Ausmerzung von Ungleichheit und Armut. Mehr denn je brauchen wir heute den Blick der Menschlichkeit: Wir können nicht wieder nach eigenem Erfolg streben, ohne uns um die zu kümmern, die zurückgeblieben sind. Und auch wenn viele Menschen so handeln, der Herr verlangt von uns, dass wir einen anderen Weg einschlagen. Petrus sagte am Pfingsttag, vom Heiligen Geist beseelt: »Kehrt um!« (APG 2,38) Schlagt eine andere Richtung ein. Ändert die Fahrtrichtung. Wir müssen wieder anfangen, auf Gott und den Nächsten zuzugehen: nicht getrennt, nicht gefühllos gegenüber den Schreien der Vergessenen und des verwundeten Planeten. Wir müssen vereint vorgehen, um die Pandemien zu bekämpfen, die sich ausbreiten: die des Virus, aber auch die des Hungers, des Krieges, der Verachtung für das Leben, der Gleichgültigkeit. Nur wenn wir gemeinsam vorgehen, kommen wir weiter.

Gerechtigkeit und andere Tugenden

Ich möchte jeden Menschen einladen, sich nicht nur auf Aufgaben einzulassen, die andere angehen, sondern auch auf den klaren Blick in uns als Person: auf unsere persönliche Umkehr. Nur dies ist eine Gerechtigkeit, die wiederum Gerechtigkeit hervorbringt!

Doch es muss auch gesagt werden, dass Gerechtigkeit alleine nicht genügt. Sie muss auch von anderen Tugenden begleitet werden, vor allem von den Kardinaltugenden, die als Dreh- und Angelpunkt dienen: Klugheit, Tapferkeit und Mäßigung.

Die Klugheit schenkt uns die Fähigkeit, das Wahre vom Falschen zu unterscheiden und jedem das Seine zu geben.

Die Mäßigung als Element der Bescheidenheit und der Ausgewogenheit in der Einschätzung der Fakten und Situationen macht uns frei, ganz nach unserem Gewissen zu entscheiden.

Die Tapferkeit hingegen erlaubt uns, die Schwierigkeiten zu überwinden, denen wir begegnen, dem Druck und den Leidenschaften zu widerstehen.

Was die Welt ignoriert

Das Weltliche sieht weg, wendet den Blick ab, wenn es um Krankheiten geht, um schmerzliche Erfahrungen in der Familie oder in seiner Umgebung. Die Welt will nicht weinen: Sie ignoriert diese schmerzhaften Situationen lieber, verbirgt sie, verdeckt sie. Es wird eine enorme Energie aufgewendet, um Situationen zu entkommen, in denen das Leid gegenwärtig ist.

Man glaubt immer, man könne die Realität verschweigen.

Jemand, der die Dinge sieht, wie sie sind, sich vom Schmerz durchdringen lässt und in seinem Herzen weint, berührt die Tiefen des Lebens und kann wahrhaft glücklich sein. Solch ein Mensch ist getröstet, aber mit dem Trost Jesu, nicht mit dem der Welt. So bringt er den Mut auf, das Leiden der anderen zu teilen und sich nicht mehr aus schmerzlichen Situationen zu verabschieden. Auf diese Weise erlebt er, dass das Leben sinnhaft wird, wenn er dem Anderen in seinem Schmerz beisteht, wenn er die Angst des Anderen versteht und ihm eine helfende Hand reicht. Solch ein Mensch spürt, dass der Andere Fleisch von seinem Fleisch ist. Er hat keine Angst, ihm näherzukommen, ja selbst seine Wunde zu berühren. Er empfindet Mitleid auf eine Weise, in der die Distanz vollkommen schwindet. So ist es möglich, der Mahnung des heiligen Paulus Folge zu leisten: »Weint mit den Weinenden!« (RÖM 12,15)

Mit den anderen weinen können, das ist heilig.

Die Revolution der Zärtlichkeit

Wenn wir an die alten Menschen denken und von ihnen reden, vor allem im seelsorgerischen Bereich, müssen wir lernen, mit dem Tempus der Verben anders umzugehen. Es gibt ja nicht nur die Vergangenheit, als gäbe es für die alten Menschen nur das Leben, das hinter ihnen liegt, und ein muffiges Archiv. Nein. Der Herr kann und will auch mit ihnen neue Seiten beschriften, Seiten der Heiligkeit, des Dienstes, des Gebets … Heute möchte ich euch sagen, dass auch die alten Menschen die Gegenwart und das Morgen der Kirche sind. Ja, sie sind auch die Zukunft einer Kirche, die zusammen mit den jungen Leuten prophetisch denkt und träumt! Daher ist es so wichtig, dass alte und junge Menschen miteinander reden. Das ist ungeheuer wichtig.

Die Prophezeiungen der alten Menschen werden Wirklichkeit, wenn das Licht des Evangeliums ganz in ihr Leben tritt. Wenn sie, wie Simeon und Anna, Jesus in die Arme nehmen und die *Revolution der Zärtlichkeit* verkünden, die Frohe Botschaft dessen, der in die Welt kam, um uns das Licht des Vaters zu bringen.

Die Natur ist voller Worte der Liebe

Die Natur ist voller Worte der Liebe, aber wie können wir sie vernehmen angesichts des ständigen Lärms, der dauernden, frenetischen Ablenkung, angesichts des Kultes der äußeren Erscheinung? Viele Menschen empfinden eine tiefe Unausgeglichenheit, die sie antreibt, alles so schnell wie möglich zu machen, um sich beschäftigt zu fühlen, in einer dauernden Hektik, die sie wiederum dazu treibt, alles über den Haufen zu werfen, was um sie herum ist. Das zeigt sich auch in der Art, wie wir mit der Umwelt umspringen. Eine ganzheitliche Ökologie fordert von uns ein wenig Zeit, um die gelassene Harmonie mit der Schöpfung wiederherzustellen, um über unseren Lebensstil und unsere Ideale nachzudenken, um den Schöpfer zu betrachten, der unter uns lebt in allem, was uns umgibt, und dessen Präsenz nicht künstlich geschaffen, sondern erkannt und offenbart werden muss.

Wir sprechen hier von einer Haltung des Herzens, das alles mit gelassener Aufmerksamkeit erlebt, das vollkommen präsent bleiben kann, wenn es einem anderen Menschen begegnet, ohne daran zu denken, was danach kommt. Ein Herz, das sich in jedem Moment als göttliches Geschenk gibt, das in vollen Zügen erfahren werden muss. Jesus lehrte uns diese Haltung, als er uns einlud, die Lilien auf dem Felde zu betrachten und die Vögel am Himmel. Oder wenn er in Gegenwart eines anderen Menschen diesen »ansah« und »liebte« (MK 10,21). Er wusste, wie er im Angesicht eines anderen Menschen oder eines anderen Geschöpfes vollkommen präsent sein konnte. Daher hat er uns einen Weg gewiesen, um die kranke Nervosität zu überwinden, die uns oberflächlich, aggressiv und konsumversessen macht.

Wie man ein Lächeln schenkt

Alles zu schätzen wissen!

DIE MÄSSIGUNG, FÜR DIE MAN SICH frei und bewusst entscheidet, ist ungeheuer befreiend. Sie ist nicht weniger lebendig, nicht weniger intensiv, sondern ganz das Gegenteil. Tatsächlich sind jene Menschen, die jeden Moment mehr genießen und besser leben, eben die, die nicht ständig dahin und dorthin picken, immer auf der Suche nach etwas, das sie nicht haben. Sie erleben, was es heißt, jeden Menschen und jedes Ding wertzuschätzen. Sie können sich mit den einfachsten Realitäten anfreunden und diese genießen. So leiden sie weniger unter unerfüllten Bedürfnissen und auch unter weniger Ängsten und Müdigkeit. Es ist möglich, wenig zu brauchen und trotzdem ein erfülltes Leben zu führen. Vor allem, wenn man anderen Freuden Raum gibt und Befriedigung findet in der Begegnung mit anderen Menschen, im Dienen, in der Entfaltung der eigenen Gaben, in der Musik und der Kunst, im Kontakt mit der Natur, im Gebet. Das Glück fordert von uns, dass wir die uns bedrängenden Bedürfnisse begrenzen und für die vielen Möglichkeiten offen bleiben, die das Leben uns bietet.

Wir brauchen Barmherzigkeit

Wir alle sind Schuldner. Alle. Gegenüber Gott, der so großzügig ist. Gegenüber unseren Brüdern. Jeder Mensch weiß, dass er nicht der Vater oder die Mutter ist, der/die er sein sollte; nicht der Ehemann bzw. die Ehefrau, der Bruder oder die Schwester, der/die er sein sollte. Wir alle führen unser Leben »in den roten Zahlen«. Daher brauchen wir Barmherzigkeit. Wir wissen, dass auch wir Böses getan haben. Es fehlt immer etwas an dem Guten, das wir hätten tun sollen.

Aber eben diese unsere Armut wird zur Kraft der Vergebung! Wir sind Schuldner, und wenn mit uns nach dem Maß verfahren wird, das wir auf andere anwenden (LK 6,38), dann müssen wir dieses Maß erweitern und unsererseits die Schulden erlassen, vergeben. Jeder von uns sollte im Gedächtnis behalten, dass er die Vergebung braucht, dass er Geduld braucht. Das ist das Geheimnis der Barmherzigkeit: *Wir vergeben, und uns wird vergeben.* Aus diesem Grund macht Gott uns das vor. Er vergibt als Erster (RÖM 5,8). Wenn wir seine Vergebung empfangen, werden wir unsererseits fähig zum Verzeihen. So wird unser Elend, unser Mangel an Gerechtigkeit zur Gelegenheit, uns für das Himmelreich zu öffnen, für einen größeren Maßstab, das Maß Gottes, der die Barmherzigkeit ist.

So viele Heilige leben verborgen unter uns

Denken wir an all die Männer und Frauen, die ein schweres Leben haben, die zu kämpfen haben, um ihre Familie durchzubringen, die Kinder in die Schule zu schicken: Sie tun das alles, weil der Geist der Stärke ihnen hilft. Diese Männer und Frauen – deren Namen keiner kennt – sind eine Ehre für unser Volk, eine Ehre für unsere Kirche, weil sie stark sind: Sie sind stark im Voranbringen ihres Lebens, ihrer Familie, ihrer Arbeit, ihres Glaubens. Diese unsere Brüder und Schwestern sind Heilige, Heilige des Alltags, Heilige, die verborgen unter uns leben: Sie haben die Gabe der Stärke, um ihre persönlichen Pflichten zu erfüllen, als Väter, Mütter, Brüder, Schwestern, Bürger. Und davon gibt es viele! Wir danken dem Herrn für diese Christen, die eine verborgene Heiligkeit leben: Es ist der Heilige Geist, den sie in sich tragen, der sie voranbringt! Und es tut gut, an jene Menschen zu denken: Wenn sie all das zuwege bringen, wenn sie es schaffen, warum nicht wir? Und es wird uns guttun, wenn wir den Herrn bitten, auch uns die Gabe der Stärke zu verleihen.

Eine unvorstellbare Freude

Nach der Auferstehung ging der Herr zu seinen Jüngern. Sie wussten bereits, dass er auferstanden war.
Auch Petrus wusste es, weil er an jenem Morgen mit
ihm gesprochen hatte. Die beiden Jünger, die aus
Emmaus zurückgekehrt waren, wussten es. Aber als der
Herr erschien, fürchteten sie sich: »Sie erschraken und
hatten große Angst.« (LK 24,37)

Die gleiche Erfahrung hatten sie am See gemacht,
als Jesus zu ihnen kam, indem er über das Wasser ging.
Aber damals hatte Petrus, der etwas Mut fasste, alles
auf Jesus gesetzt und zu ihm gesagt: »Aber wenn du es
bist, dann lass mich auf dem Wasser gehen.« (MT 14,28)
Diesmal aber schwieg Petrus. Er hatte am Morgen mit
dem Herrn gesprochen, und niemand weiß, was die
beiden sich zu sagen hatten. Darum schwieg er. Aber
die Apostel waren voller Angst, da sie glaubten, einen
Geist zu sehen. Und Jesus sagte zu ihnen: »Was seid ihr
so bestürzt? Warum lasst ihr in eurem Herzen Zweifel aufkommen? Seht meine Hände und Füße an …«
Und damit zeigte er ihnen die Wundmale. (LK 24,38–39)
Jenen Schatz, den Jesus in den Himmel mitgenommen
hatte, um ihn dem Vater zu zeigen und für uns zu bitten. »Fasst mich doch an und begreift: Kein Geist hat
Fleisch und Knochen.« Und dann kommt der Satz,
der mich immer tröstet. Diese Stelle des Evangeliums
gehört zu meinen liebsten: »Als sie es aber vor Freude

immer noch nicht glauben konnten ...« (LK 24,41) Sie glaubten es immer noch nicht und waren bass erstaunt: Es war die Freude, die sie am Glauben hinderte. Sie war so groß, dass die Jünger sich sagten: »Nein, das kann nicht wahr sein. Diese Freude ist nicht real, sie ist zu groß.« Sie waren so voller Freude, aber vor Freude wie gelähmt.

Hinkend trete ich ein!

Ich habe einmal einen alten Mann gehört, ein guter Mensch, ein guter Christ, aber ein Sünder, der sein ganzes Vertrauen in Gott setzte: »Gott wird mir helfen. Er wird mich nicht allein lassen. Ich komme ins Paradies, hinkend zwar, aber ich werde eintreten!«

Lassen wir uns die Hoffnung nicht nehmen

In Einheit mit dem Glauben und der Barmherzigkeit trägt die Hoffnung uns vorwärts in eine sichere Zukunft, die sich einer anderen Perspektive bedient als die illusorischen Angebote der Götzen dieser Welt. Sie schenkt uns neues Feuer und neue Kraft im täglichen Leben. Lassen wir uns diese Hoffnung nicht nehmen. Lassen wir nicht zu, dass sie durch Angebote zunichtegemacht wird, die schnelle Lösungen versprechen, die uns auf dem Weg doch nur behindern, die unsere Zeit »zersplittern« und sie zum Raum machen. Die Zeit ist dem Raum überlegen. Der Raum lässt die Vorgänge kristallisieren, die Zeit hingegen richtet uns auf die Zukunft aus und drängt uns, voller Hoffnung darauf zuzugehen.

Wer alles von uns verlangt, gibt alles

Wenn wir vor Gott die Wege des Lebens prüfen, dann gibt es nichts, was ausgeschlossen wäre. In allen Aspekten der Existenz können wir weiter wachsen und Gott mehr geben, selbst dort, wo wir die größten Schwierigkeiten haben. Aber wir müssen den Heiligen Geist bitten, dass er uns frei macht, dass er jene Angst vertreibt, die uns dazu bringt, ihn nicht in alle Bereiche unseres Lebens einzulassen. Denn wer alles fordert, gibt auch alles. Und er will ja nicht in uns eintreten, um uns zu verwunden oder zu schwächen, sondern um uns Erfüllung zu schenken. So erkennen wir, dass die Fähigkeit zur Unterscheidung keine stolze Selbstanalyse ist, keine egoistische Nabelschau, sondern die Möglichkeit, aus uns herauszutreten und auf das Mysterium Gottes zuzugehen, das uns hilft, jene Mission zu leben, zu der wir zum Wohl unserer Brüder und Schwestern aufgerufen sind.

Die doppelte Bewegung

Um körperlich am Leben zu bleiben, müssen wir atmen. Das ist eine Handlung, die wir ausführen, ohne uns dessen bewusst zu werden. Wir atmen automatisch. Um in einem weiteren Sinne des Wortes am Leben zu bleiben, müssen wir lernen, auch geistig zu atmen, durch das Gebet, die Meditation, diese innere Bewegung, die uns hilft, Gott zu hören, der in der Tiefe unseres Herzens zu uns spricht. Aber wir brauchen auch eine Bewegung im Außen, mit der wir uns anderen nähern durch Akte der Liebe und des Dienens. Diese doppelte Bewegung erlaubt uns, zu wachsen und nicht nur zu erkennen, dass Gott uns geliebt hat, sondern dass er auch jedem von uns eine Mission übertragen hat, eine einzigartige Berufung, die wir entdecken werden, je mehr wir uns anderen, konkreten Menschen hingeben.

Keine Angst mehr

Das Geheimnis eines gelungenen Lebens ist es, zu lieben und sich aus Liebe hinzugeben. Dann finden wir die Kraft, »uns freudig aufzuopfern«, und jede noch so anstrengende Tätigkeit wird zur Quelle einer tiefen Freude. Dann machen uns definitive Lebensentscheidungen keine Angst mehr, da sie in ihrem ureigensten

Licht erscheinen, als Möglichkeit, die eigene Freiheit vollkommen zu leben.

Herr, schenke mir die Gnade, mich zu verbessern

Die Umkehr, die Wandlung des Herzens, ist ein Prozess, der uns von moralischen Verkrustungen reinigt. Dieser Prozess ist mitunter schmerzhaft, denn der Weg zur Heiligkeit geht nicht ohne Verzicht und ohne geistigen Kampf vonstatten. Für das Gute zu kämpfen, dafür, in der Versuchung nicht zu straucheln, alles zu tun, was in unseren Kräften steht, um ein Leben in Frieden und in der Freude der Seligpreisungen führen zu können. Das christliche Leben besteht nicht aus Träumen und schönen Absichten, sondern aus konkreten Pflichten, aus der Öffnung für den Willen Gottes und aus der Liebe für unseren Nächsten. Dabei können wir nicht einmal die kleinste konkrete Pflicht erfüllen ohne die Gnade. Die Umkehr ist eine Gnade, um die wir stets bitten sollten: »Herr, schenke mir die Gnade, mich zu verbessern. Schenke mir die Gnade, ein guter Christ zu sein.«

Lasst die Lampe der Hoffnung stets leuchten

Die christliche Hoffnung ist kein bloßer Wunsch, kein
Vorzeichen, kein einfacher Optimismus: Für einen
Christen ist die Hoffnung Erwartung, leidenschaft-
liche Erwartung, dass sich das letzte und endgültige
Geheimnis vollzieht, das Geheimnis der Liebe Gottes, in der wir neu geboren werden und bereits leben.
Es ist die Erwartung einer baldigen Ankunft: der von
Christus, dem Herrn, der uns immer näherkommt, Tag
für Tag, und der uns endlich einführt in die Vollkom-
menheit der Gemeinschaft mit ihm und in seinen Frie-
den. Daher hat die Kirche die Aufgabe, die Lampe der
Hoffnung immer leuchten zu lassen und sie sichtbar zu
machen, damit sie weiterhin strahlt als sicheres Zeichen
des Heils. Und damit sie für die ganze Menschheit den
Weg erhellt, der zur Begegnung mit dem barmherzigen
Antlitz Gottes führt.

Das ist der Bildungsauftrag

Erziehung heißt nicht nur, dass wir Ideen weitergeben.
Das wäre ein Erbe der Aufklärung, das überwunden
werden muss. Es geht nicht nur um die Weitergabe von
Ideen. Vielmehr ist Erziehung eine Aufgabe, die alle
betrifft, die damit befasst sind – Familie, Schule, soziale,
kulturelle und religiöse Institutionen – und von ihnen

ein solidarisches Handeln verlangt. In gewissem Sinne heißt es daher in manchen Ländern, der Bildungsauftrag sei gescheitert, weil er eben diese soziale Komponente übersieht. Um jemanden zu erziehen, müssen wir die Sprache des Kopfes mit der des Herzens und der Hände vereinen. Damit der Schüler denkt, was er fühlt und tut; damit er fühlt, was er denkt und tut; und tut, was er fühlt und denkt. Die totale Verflechtung. Indem wir diese Verflechtung von Kopf, Herz und Hand vorantreiben, eine intellektuelle und sozio-emotionale Erziehung, schaffen wir die Voraussetzungen für die *Befähigung* der nächsten Generation: durch die Weitergabe von Werten, von individuellen und sozialen Tugenden, durch die Lehre eines engagierten und sozialen bürgerschaftlichen Lebens voller Gerechtigkeit, durch die Weitergabe von Fähigkeiten und Kenntnissen, die die jungen Leute auf die Welt der Arbeit und die Gesellschaft vorbereiten, auf die Familie, die Schule und die Institutionen. Dann kann man nicht mehr von einem fehlgegangenen Bildungsauftrag sprechen. Denn das ist der Bildungsauftrag.

Wer du auch immer sein magst, du kannst heilig sein

Manche Menschen denken, Heiligkeit heiße, die Augen zu schließen und ein Gesicht zu machen, wie sie auf den Heiligenbildchen zu sehen sind. Nein! Das hat mit Heiligkeit nichts zu tun. Die Heiligkeit ist etwas Größeres und Tieferes, das Gott uns schenkt. Im Gegenteil, gerade indem wir mit Liebe leben und unser christliches Zeugnis im Alltag ablegen, sind wir zur Heiligkeit berufen. Jeder in der Situation und in dem Leben, in dem er sich befindet.

Hast du die Weihen erhalten?

Dann sei heilig, indem du deine Gabe und deinen Dienst mit Freude lebst.

Bist du verheiratet?

Dann sei heilig, indem du deinen Ehepartner liebst und dich um ihn/sie kümmerst, wie Christus dies mit seiner Kirche getan hat.

Bist du getauft und unverheiratet?

Dann lebe die Heiligkeit, indem du deine Arbeit ehrlich und kenntnisreich erledigst und dem Dienst an deinen Brüdern und Schwestern Zeit widmest. »Aber, Heiliger Vater, ich arbeite in einer Fabrik. Ich arbeite als Buchhalter, immer mit diesen Zahlen. Da kann doch keiner heilig sein …« – »Doch, das kann man! Dort, wo du arbeitest, kannst du heilig werden. Gott schenkt dir die Gnade, heilig zu werden. Gott teilt sich dir mit.«

Man kann an jedem Ort heilig werden, man kann sich für diese Gnade öffnen, die in uns wirkt und uns zur Heiligkeit führt.

Bist du Vater oder Mutter oder gehörst du zu den Großeltern?

Dann sei heilig, indem du deinen Kindern oder Enkeln die Freude zeigst, die es bedeutet, Jesus zu kennen und ihm nachzufolgen. Dafür braucht es viel Geduld, denn um gute Eltern oder Großeltern zu sein, ist Geduld nötig. Und in dieser Geduld kommt die Heiligkeit: indem wir uns in Geduld üben.

Bist du Katechet oder Lehrer oder freiwilliger Helfer?

Dann sei heilig, indem du zum sichtbaren Zeichen der Liebe Gottes wirst und seiner Präsenz an unserer Seite.

Also: Jede Lebensweise führt zur Heiligkeit, immer! Bei dir zu Hause, auf der Straße, in der Arbeit, in der Kirche, in diesem Moment, in jeder Lebenssituation steht dir der Weg zur Heiligkeit offen. Lasst euch nicht entmutigen, diesen Weg einzuschlagen. Es ist wirklich Gott, der uns die Gnade verleiht. Nur darum bittet der Herr: dass wir in Gemeinschaft mit ihm leben und unseren Brüdern und Schwestern dienen.

Was ist denn am Ende das Heil?

Das Heil ist die Begegnung mit Jesus, der uns liebt und uns vergibt, der uns den Heiligen Geist sendet, der uns tröstet und schützt. Das Heil ist nicht die Folge unserer missionarischen Unternehmungen, ja nicht einmal die unseres Redens über die Menschwerdung des Wortes. Das Heil für jeden Einzelnen kann nur entstehen durch den Blick der Begegnung mit ihm, der uns ruft. Daher kann das Geheimnis dieser besonderen Liebe nur beginnen in einem Aufschrei der Freude, der Dankbarkeit. Die Freude des Evangeliums, die »große Freude« der armen Frauen, die am Ostermorgen das Grab Christi aufsuchten und es leer fanden und die dann als Erste dem auferstandenen Christus begegneten und den anderen davon erzählten (MT 28,8–10). Nur so kann das Auserwählt- und Geliebtwerden vor aller Welt zum Zeugnis werden für die Glorie des auferstandenen Christus.

Gesten, die Frieden bringen

Die heilige Therese von Lisieux lädt uns ein, den kleinen Weg der Liebe zu beschreiten und niemals die Gelegenheit zu verpassen, ein nettes Wort zu schenken, ein Lächeln, eine kleine Geste, die Frieden und Freundschaft bringt. Eine ganzheitliche Ökologie hat auch mit solchen einfachen, alltäglichen Gesten zu tun, mit denen wir die Logik der Gewalt, der Ausbeutung und des Egoismus durchbrechen. Während die Welt des exzessiven Konsumdenkens gleichzeitig die Welt ist, in der das Leben in all seinen Formen missbraucht wird.

Keine Angst vor der Heiligkeit

Hab' keine Angst vor der Heiligkeit. Sie wird dir weder Kraft noch Leben und Freude rauben. Ganz im Gegenteil, denn du wirst zu jenem Menschen werden, den der Vater im Sinn hatte, als er dich erschuf, und auf diese Weise bist du deinem Wesen treu. Abhängig zu sein von ihm, befreit uns von jeder Knechtschaft und hilft uns, unsere Würde zu erkennen.

Die kleinen Besonderheiten der Liebe

Rufen wir uns doch ins Gedächtnis, wie Jesus seine Jünger einlädt, auf die kleinen Dinge zu achten. Das kleine Detail, dass bei einem Fest der Wein zu Ende geht. Das Detail, dass ein Schaf fehlt. Das Detail, dass eine Witwe zwei Münzen verschenkte. Das Detail, dass es zusätzliches Lampenöl braucht, falls der Bräutigam sich verspätet. Das Detail, die Jünger zu bitten, doch nachzusehen, wie viele Brote da sind. Das Detail, ein

Feuer züngeln zu haben und einen Fisch auf dem Grill, während er morgens die Jünger erwartete.

Eine Gemeinschaft, die auf die Kleinigkeiten der Liebe achtet, in der die Mitglieder sich umeinander kümmern und einen offenen, evangelisierenden Raum schaffen, ist der Ort, an dem der Auferstandene präsent ist und den er heiligen wird nach der Absicht des Vaters.

Die Fürbitte ist reine Liebe zum Nächsten

Das Bittgebet ist Ausdruck eines Herzens, das auf Gott vertraut, das weiß, dass es alleine nichts vermag. Im Leben des treuen Gottesvolkes finden wir viele Bittgebete voll gläubiger Zärtlichkeit und tiefem Vertrauen. Nehmen wir dem Bittgebet nicht seinen besonderen Wert, denn es beruhigt oft unser Herz und hilft uns, voller Hoffnung weiterzukämpfen. Die Fürbitte aber hat einen besonderen Wert, weil sie ein Akt des Vertrauens in Gott ist und gleichzeitig Ausdruck der Liebe zum Nächsten. Manche Menschen denken aufgrund spiritualistischer Vorurteile, das Gebet müsse sich in der Kontemplation Gottes erschöpfen, ohne Ablenkung, als wären die Namen und Gesichter der Geschwister eine Störung, die es zu vermeiden gilt. Ganz im Gegenteil, in Wirklichkeit ist das Gebet gottgefälliger und heiligmäßiger, wenn wir darin versuchen, durch die Fürbitte das doppelte Gebot zu erfüllen, das Jesus uns auferlegt hat. Die Fürbitte drückt das brüderliche Engagement gegenüber den Mitmenschen aus, wenn wir fähig sind, in sie das Leben der anderen aufzunehmen, ihre schlimmsten Ängste und ihre schönsten Träume. Denn wer sich großzügig der Fürbitte widmet, von dem können wir mit der Bibel sagen: »Dieser ist der Freund seiner Brüder, der viel für das Volk betet.« (2 MAKK 15,14)

Gehen wir unseren Weg voller Freude

Am Ende werden wir der grenzenlosen Schönheit Gottes von Angesicht zu Angesicht gegenüberstehen (1 KOR 13,12) und voll freudiger Bewunderung das Geheimnis des Universums lesen können, das gemeinsam mit uns an der grenzenlosen Erfüllung teilhaben wird. Ja, wir gehen auf einen ewigen Sabbat zu, auf das neue Jerusalem, auf das gemeinsame Haus des Himmels. Jesus sagt uns: »Ich mache alles neu.« (OFFB 21,5) Das ewige Leben ist ein Wunder, das wir teilen. In ihm hat jedes Geschöpf, lichthaft verklärt, seinen Platz, und es hat den Armen, die endgültig befreit werden, etwas zu geben.

In der Zwischenzeit gehen wir gemeinsam vor, um uns um das Haus zu kümmern, das uns anvertraut wurde, im Wissen, dass alles, was es an Gutem umfasst, ins Fest des Himmels aufgenommen wird. Gemeinsam mit allen Geschöpfen durchschreiten wir die Welt auf der Suche nach Gott, denn »wenn die Welt einen Ursprung hat und erschaffen worden ist, dann suche nach dem, der sie erschaffen hat, suche nach dem, der ihr den Anfang gegeben hat, nach dem, der ihr Schöpfer ist.« Lasst uns singend vorangehen. Mögen unsere Kämpfe und unsere Sorge um unseren Planeten uns die Freude der Hoffnung nicht nehmen.

Gott, der uns zum großzügigen und gebenden Engagement aufruft, schenkt uns auch die Kraft und das Licht, das wir brauchen, um voranzukommen. Im Herzen dieser Welt ist der Herr des Lebens, der uns alle liebt, ständig präsent. Er verlässt uns nicht, er lässt uns nicht allein, denn er hat sich ein für alle Mal mit unserer Erde verbunden, und seine Liebe führt uns immer auf neue Wege. Lob sei dem Herrn!

Wenn du dich lieben lässt

Wenn du aus ganzem Herzen die Schönheit dieser Verkündigung zu schätzen weißt und dich vom Herrn finden lässt, wenn du dich von ihm lieben und retten lässt, wenn du die Freundschaft zu ihm eingehst und mit dem lebendigen Christus über die konkreten Dinge deines Daseins sprichst, dann ist dies die große Erfahrung, die grundlegende Erfahrung, die dein Leben als Christ stützt.

Die Heiligen nebenan

Es gefällt mir, die Heiligkeit im geduldigen Volk Gottes zu sehen: in den Eltern, die mit aller Liebe ihre Kinder erziehen, in den Männern und Frauen, die arbeiten, um das tägliche Brot nach Hause zu bringen, in den Kranken, in den älteren Nonnen, die immer weiter lächeln. In dieser Beharrlichkeit des täglichen Voranschreitens erkenne ich die Heiligkeit der streitbaren Kirche. Häufig sind das die »Heiligen von nebenan«, die in unserer Mitte leben und Widerschein der Präsenz Gottes sind oder, um einen anderen Ausdruck zu gebrauchen, »die Mittelschicht der Heiligkeit«.

Lassen wir uns also anregen von den Zeichen der Heiligkeit, die der Herr uns in den bescheidenen Mitgliedern dieses Volkes zeigt, das teilhat an der prophetischen Mission Christi, indem es für ihn lebendiges Zeugnis ablegt mit seinem gläubigen Leben und seiner Barmherzigkeit. Erkennen wir, wie Edith Stein, die heilige Teresia Benedicta vom Kreuz, uns sagt, dass sich durch viele solcher Menschen die wahre Geschichte erfüllt: »Aus der dunkelsten Nacht treten die größten Propheten – Heiligengestalten – hervor. Aber zum großen Teil bleibt der gestaltende Strom des mystischen Lebens unsichtbar. Sicherlich werden die entscheidenden Wendungen in der Weltgeschichte wesentlich mitbestimmt durch Seelen, von denen kein Geschichtsbuch etwas meldet. Und welchen Seelen wir die entscheidenden Wendungen in unserem persönlichen Leben verdanken, das werden wir erst an dem Tage erfahren, an dem alles Verborgene offenbar wird.«

Sich um alles kümmern, was existiert

Der heilige Franz von Assisi ist das beste Beispiel für eine gelebte Sorge um das Schwache, für eine ganzheitliche Ökologie, die wir mit Freude und Authentizität leben. Er ist der Patron all jener, die auf dem Gebiet der Ökologie forschen und arbeiten, und wird von vielen Menschen geliebt, die keine Christen sind. Er legte der göttlichen Schöpfung gegenüber eine besondere Achtsamkeit an den Tag und kümmerte sich um die leidendsten und einsamsten Menschen. Er liebte und wird geliebt um seiner Freude willen, seiner großzügigen Hingabe und seinem großen Herzen. Er war ein Mystiker und ein Pilger, der in Einfachheit lebte und in einer wunderbaren Harmonie mit Gott, mit den Menschen, mit der Natur und mit sich selbst. In ihm erkennen wir, wie wenig sich die Sorge um die Natur, die Gerechtigkeit gegenüber den Armen, das gesellschaftliche Engagement und der innere Friede trennen lassen.

Sein Zeugnis zeigt uns auch, dass die ganzheitliche Ökologie sich öffnen muss für Kategorien, die über die Sprache der exakten Wissenschaften bzw. der Biologie hinausgehen und uns mit der Essenz des Menschseins verbinden. Wie es geschieht, wenn wir uns verlieben, so reagierte Franziskus immer dann, wenn er die Sonne, den Mond, die kleinsten Tiere sah, mit einem Lied, und er schloss in sein Loblied auch alle anderen Geschöpfe mit ein. Er trat in Verbindung mit der ganzen Schöpfung und predigte sogar den Blumen. Er lud sie ein, »Gott zu loben und zu lieben, als wären sie vernunftbegabte Wesen«. Diese Reaktion war viel mehr als nur intellektuelle Wertschätzung oder wirtschaftliches Kalkül, denn für ihn war jedes Geschöpf Bruder oder Schwester und durch die Bande der Zuneigung mit ihm verbunden. Aus diesem Grund fühlte er sich aufgerufen, sich um alles zu kümmern, was existierte.

Wie man ein Lächeln schenkt

Die Freundlichkeit befreit uns von der Grausamkeit, die mitunter die menschlichen Beziehungen prägt; von der Angst, die uns daran hindert, an andere zu denken; von dem zerstreuten Gefühl der Dringlichkeit, das übersieht, dass auch andere das Recht auf Glück haben. Nur selten finden wir heute noch Zeit und Energie, um uns die Mühe zu machen, andere Menschen gut zu behandeln, »Danke« zu sagen oder »Entschuldigung« oder »Darf ich?«. Und doch begegnet uns immer wieder das Wunder eines freundlichen Menschen, der seine Sorgen beiseitelässt und aufmerksam ist, ein Lächeln schenkt, ein paar aufmunternde Worte sagt und so inmitten der allgemeinen Gleichgültigkeit einen Raum schafft, in dem man zuhört. Dieses Bemühen kann, wenn es Tag für Tag geübt wird, jenes gesunde Zusammengehörigkeitsgefühl schaffen, das Verständnislosigkeit überwindet und Konflikten vorbeugt. Sich in Freundlichkeit zu üben, ist kein vernachlässigbares Detail, keine oberflächliche oder spießbürgerliche Haltung. Da sie Achtung und Respekt voraussetzt, kann sie, wenn sie sich in einer Gesellschaft zur allgemein geübten Kultur entwickelt, deren Lebensweise profund verändern, ob es nun um soziale Bindungen, um den Gesprächsstil oder um den Austausch von Ideen geht. Die Freundlichkeit erleichtert das Streben nach Konsens und eröffnet neue Wege, wo die Verbitterung längst alle Brücken abgebrochen hat.

Die Hoffnung verwandelt die Wüste in einen Garten

Die wahre Geschichte ist nicht die, die von den Mächtigen gemacht wird, sondern jene, *die Gott zusammen mit seinen Kleinen schreibt.* Die wahre Geschichte – die in Ewigkeit bewahrt bleibt – ist die, die Gott mit seinen Kleinen schreibt. Jenen einfachen und kleinen Menschen, die wir bei der Geburt Christi sehen: Zacharias und Elisabeth, alt und von Kinderlosigkeit gezeichnet;

Maria, das junge und jungfräuliche Mädchen, die dem Josef versprochen ist; die Schäfer, die zu jener Zeit verachtet wurden und gar nichts zählten. Das sind die Kleinen, die durch ihren Glauben groß werden, *die Kleinen, die weiterhin hoffen können.* Denn die Hoffnung ist die Tugend der *Kleinen.* Die Großen, die Zufriedenen kennen die Hoffnung nicht: Sie wissen nicht, was das ist.

Lassen wir uns also die Hoffnung zeigen. Warten wir vertrauensvoll auf das Kommen des Herrn, und alles, was in unserem Leben Wüste ist – und jeder weiß, in welcher Wüste er wandelt –, wird zum blühenden Garten. Die Hoffnung enttäuscht uns nie!

Der Weg des wahren Glücks

Es tut immer gut, die Seligpreisungen zu lesen und über sie nachzudenken. Jesus hat sie uns in seiner ersten großen Verkündigung am Ufer des Sees Genezareth geschenkt. Damals waren viele Menschen gekommen, und Jesus stieg auf den Berg, um seine Jünger zu lehren. Aus diesem Grund nennt man diese Predigt die »Bergpredigt«. In der Bibel ist der Berg stets der Ort, an dem Gott sich offenbart. Jesus, der auf dem Hügel predigt, zeigt sich als göttlicher Meister, als neuer Moses. Und was vermittelt er den Menschen? Den Weg des Lebens, den er selbst geht, den Weg, der er *ist.* Und diesen Weg bezeichnet er als Weg des wahren Glücks.

Indem er die Seligpreisungen mit uns teilt, lädt er uns ein, ihm zu folgen, diesen Weg der Liebe mit ihm gemeinsam zu gehen, den einzigen, der zum ewigen Leben führt. Das ist kein einfacher Weg, aber der Herr versichert uns seiner Gnade und lässt uns nicht allein. Armut, Leid, Demütigung, der Kampf um Gerechtigkeit, die Mühen der täglichen Umkehr, die Kämpfe um das Leben der Berufung zur Heiligkeit, Verfolgungen und andere Kämpfe prägen unser Leben. Aber wenn wir Jesus die Tür öffnen, wenn wir ihn einlassen in unsere Geschichte, wenn wir mit ihm Freude und Schmerz teilen, werden wir einen Frieden und eine Freude erfahren, die nur Gott, die grenzenlose Liebe, wirklich geben kann.

Die Freude des Gebets

Meine Gebete

Hilf, o Mutter, unserem Glauben

Hilf, o Mutter, unserem Glauben!
Öffne unser Gehör dem Wort,
damit wir die Stimme Gottes erkennen und seinen Ruf.
Erwecke in uns den Wunsch, seinen Schritten zu folgen,
aus unserem Land fortziehen und seine Verheißung
    annehmen.
Hilf uns, uns anrühren zu lassen von seiner Liebe,
sodass wir ihn im Glauben berühren können.
Hilf uns, uns ihm ganz anzuvertrauen,
an seine Liebe zu glauben, vor allem in den Augen-
    blicken des Leidens und des Kreuzes,
wenn unser Glaube aufgerufen ist zu reifen.
Lass uns niemals vergessen, dass wer glaubt, nie allein ist.
Lehre uns, unsere Augen Jesus zuzuwenden,
damit er das Licht sei auf unserem Weg.
Möge das Licht des Glaubens stetig in uns wachsen,
damit der Tag ohne Sonnenuntergang anbrechen kann,
der Jesus Christus selbst ist, dein Sohn, unser Herr!

Heil der Kranken

O Maria,
stets strahlst du auf unserem Weg
als Zeichen des Heils und der Hoffnung.
Wir vertrauen auf dich, Heil der Kranken,
die du unter dem Kreuz den Schmerz Jesu
   mitgetragen hast,
und fest in deinem Glauben bliebst.
Du, Heil des römischen Volkes,
weißt, was wir brauchen,
und wir können sicher sein,
dass du dafür sorgen wirst,
damit wie damals zu Kana in Galiläa
Freude und Frohsinn zurückkehren mögen,
nach dieser Zeit der Prüfung.
Hilf uns, Mutter der göttlichen Liebe,
damit wir dem Willen des Vaters gerecht werden
und tun können, was Jesus uns sagt,
der unsere Leiden auf sich genommen hat
sich mit unserem Schmerz beladen,
um uns durch das Kreuz
zur Freude der Auferstehung zu führen.
Amen.

Mutter des Lebens

Mutter des Lebens,
in deinem mütterlichen Schoß nahm Jesus Gestalt an,
er, der Herr über alles Seiende.
Auferstanden hat er dich mit seinem Licht verwandelt
und dich zur Königin aller Schöpfung gemacht.
Daher bitten wir dich, Maria,
herrsche im pochenden Herzen Amazoniens.
Erweise dich als Mutter aller Geschöpfe,
in der Schönheit der Blumen, der Flüsse,
des großen Flusses, der das Land durchzieht,
und all dessen, was in seinen Wäldern gedeiht.
Schütze mit deiner Liebe diese Explosion der Schönheit.
Bitte Jesus, dass er seine ganze Liebe verströme
auf die Männer und Frauen, die dort leben,
damit sie fähig werden, diese Schönheit zu bewundern
    und zu bewahren.
Mach, dass dein Sohn in ihren Herzen geboren wird,
damit er in Amazonien,
in seinen Völkern und Kulturen erstrahle
mit dem Licht seines Wortes, dem Trost seiner Liebe,
mit der Botschaft der Brüderlichkeit und Gerechtigkeit.
Gib, dass sich bei jeder Eucharistiefeier
das Staunen über so viele Wunder regt,
über die Glorie des Vaters.
Mutter, lenke deinen Blick auf die Armen von
    Amazonien,

denn ihre Heimat wird zerstört
von niedrigen Interessen.
Wie viel Schmerz und wie viel Elend,
wie viel Verlassenheit und Rücksichtslosigkeit
herrschen in diesem gesegneten Land,
das vor Leben nur so strotzt!
Rühre das Gefühl der Mächtigen an,
damit, auch wenn wir wissen, dass es vielleicht schon
    zu spät ist,
du uns retten hilfst,
was noch am Leben ist.
Mutter mit dem durchbohrten Herzen,
die du in deinen misshandelten Kindern leidest
und in der verwundeten Natur,
herrsche du in Amazonien,
gemeinsam mit deinem Sohn.
Herrsche du, damit sich niemand zum Herrn aufwirft
über das Werk Gottes.
Auf dich vertrauen wir, Mutter des Lebens,
verlass uns nicht
in dieser dunklen Stunde.
Amen.

Gemeinsames Gebet für die Erde und die Menschheit

Liebevoller Gott,
Schöpfer des Himmels und der Erde und all dessen,
was sie umfassen.
Öffne unseren Geist und berühre unser Herz, damit
wir Teil deiner Schöpfung, deines Geschenks sein
können.
Verweile bei denen, die dich in diesen schweren Zeiten
nötig haben, vor allem bei den Armen und Verletz-
lichsten.
Verhilf uns zu einer kreativen Solidarität im Umgang
mit den Folgen dieser globalen Pandemie.
Stärke unseren Mut, damit wir die Veränderungen
annehmen können, die auf der Suche nach dem
Gemeinwohl entstehen.
Mögen wir heute mehr denn je spüren, dass wir alle
miteinander verbunden und voneinander abhängig
sind.
Sorge dafür, dass wir den Ruf der Erde und den Ruf
der Armen hören und auf ihn reagieren.
Mögen die gegenwärtigen Leiden die Wehen einer
brüderlicheren und nachhaltigeren Welt sein.
Unter dem liebevollen Blick Marias, unserer Helferin,
bitten wir dich durch Christus, unseren Herrn.
Amen.

Die Scham, die Reue und die Hoffnung

Herr Jesus, unser Blick richtet sich auf dich, voller Scham, voller Reue, voller Hoffnung.

Vor deiner höchsten Liebe möge uns die Scham durchdringen, weil wir dich allein für unsere Sünden haben leiden lassen.

Die Scham, vor der Prüfung davongelaufen zu sein, obwohl wir dir tausend Mal versichert haben: »Auch wenn alle dich im Stich lassen, ich werde das niemals tun.«

Die Scham, Barrabas gewählt zu haben, nicht dich, die Macht, und nicht dich, die Äußerlichkeiten, und nicht dich, den Gott des Geldes, und nicht dich, die Weltlichkeit, nicht die Ewigkeit.

Die Scham, dich jedes Mal, wenn wir in einer schwierigen Situation steckten, mit Mund und Herz versucht zu haben mit den Worten: »Wenn du der Messias bist, dann rette dich, und wir werden an dich glauben.«

Die Scham, weil so viele Menschen und sogar einige deiner Geistlichen sich von Ehrgeiz und eitlem Ruhm haben täuschen lassen und so ihre Würde und ihre erste große Liebe verloren haben.

Die Scham, weil unsere Generation den jungen Menschen eine Welt hinterlässt, die von Spaltung und Krieg geprägt ist, eine Welt, verzehrt vom Egoismus, in der die jungen Menschen, die Kinder, die Kranken, die Alten an den Rand gedrängt werden.

Die Scham, das Schamgefühl verloren zu haben.

Herr Jesus, schenke uns stets die Gnade der heiligen Scham!

Unser Blick ist voller Reue, sodass wir angesichts deines beredten Schweigens um deine Barmherzigkeit flehen:

Die Reue, die aus der Gewissheit erwächst, dass nur du uns vor dem Bösen retten kannst.

Nur du kannst uns heilen von der Seuche des Hasses, des Egoismus, des Hochmuts, des Geizes, der Rache, der Lust und des Götzendienstes.

Nur du kannst uns von Neuem umarmen und uns unsere gotteskindliche Würde wiedergeben und dich freuen, weil wir nach Hause zurückgekehrt sind, ins Leben.

Die Reue, die aufkommt, wenn wir unser Kleinsein spüren, unsere Nichtigkeit, unsere Eitelkeit.

Die Reue, die sich streicheln lässt von deiner sanftmütigen und kraftvollen Einladung zur Umkehr.

Die Reue Davids, der im Abgrund seines Elends in dir seine einzige Kraft findet.

Die Reue, die aus unserer Scham entsteht, aus der Gewissheit, dass unser Herz immer rastlos ist, bis es dich gefunden hat und in dir seine einzige Quelle der Erfüllung und Ruhe.

Die Reue des Petrus, der bitterlich weinte, als er deinem Blick begegnete, weil er dich vor den Menschen geleugnet hat.

Herr Jesus, schenke uns stets die Gnade der heiligen
Reue!

Vor deiner allerhöchsten Majestät entzündet sich in
der Finsternis unserer Verzweiflung der Funke der
Hoffnung, weil wir wissen, dass das einzige Maß, mit
dem du uns liebst, die Unendlichkeit ist.

Die Hoffnung, dass deine Botschaft weiterhin ins-
pirierend wirkt, auch heute, und viele Menschen
und Völker erreicht, weil nur das Gute das Böse und
die Bosheit besiegen kann, weil nur die Vergebung
den Groll und die Rache überwindet, weil nur die
geschwisterliche Umarmung die Feindseligkeit und
die Angst des anderen verlöschen lässt.

Die Hoffnung, dass dein Opfer noch heute den Duft
der göttlichen Liebe ausstrahlt, die die Herzen der
jungen Menschen berührt, welche dir immer noch ihr
Leben widmen, indem sie lebendiges Beispiel werden
für die Liebe und die Unentgeltlichkeit in dieser Welt,
die von der Logik des Profits und des leichten Geldes
zerfressen ist.

Die Hoffnung, dass viele Missionare und Missiona-
rinnen auch heute noch das *schlafende Gewissen* der
Menschheit wachrütteln und so ihr Leben riskieren, um
dir zu dienen in den Armen, in den Ausgegrenzten, in
den Flüchtlingen, in den Unsichtbaren, in den Ausge-
beuteten, in den Hungernden und in den Gefangenen.

Die Hoffnung, dass deine Kirche, heilig und doch aus
Sündern bestehend, trotz aller Versuche, ihrem Ruf zu

schaden, auch heute noch ein Licht ist, das erleuchtet, ermutigt, erhebt und von deiner grenzenlosen Liebe für die Menschheit zeugt und damit ein Beispiel ist für die Selbstlosigkeit, eine Arche des Heils und eine Quelle der Gewissheit und Wahrheit.

Die Hoffnung, denn aus deinem Kreuz, Frucht der Gier und der Feigheit der Schriftgelehrten und Heuchler, ist die Auferstehung hervorgegangen und hat die Nacht des Grabes verwandelt in das Strahlen des Morgens am Sonntag ohne Untergang. Denn es hat uns gelehrt, dass *deine Liebe unsere Hoffnung ist.* Herr Jesus, schenke uns für immer die Gnade der heiligen Hoffnung!

Hilf uns, Menschensohn, die Arroganz des Diebes zu deiner Linken abzulegen, den Stolz der Kurzsichtigen und Korrupten, die in dir nur eine Gelegenheit sahen, die man ausnutzen musste, einen Verurteilten, den man kritisieren konnte, einen Besiegten, den man verlachen konnte, eine weitere Gelegenheit, Gott und den anderen die eigene Schuld aufzubürden.

Wir bitten dich vielmehr, Gottessohn, dass wir dem guten Räuber gleich werden mögen, der dich mit Augen voller Scham, Reue und Hoffnung betrachtet hat. Der mit den Augen des Glaubens in deiner augenscheinlichen Niederlage den göttlichen Sieg erkannte und niederkniete vor deiner Barmherzigkeit und so in aller Aufrichtigkeit das Paradies geraubt hat! Amen!

Die Kreuze der Welt

Herr Jesus, hilf uns, dass wir in deinem Kreuz die
  Kreuze der Welt sehen:
Das Kreuz der Menschen, die nach Brot und Liebe
  hungern.
Das Kreuz der Einsamen und Verlassenen, die nicht
  einmal ihre Kinder oder Eltern besuchen.
Das Kreuz der Menschen, die es nach Gerechtigkeit
  und Frieden dürstet.
Das Kreuz all jener, die den Trost des Glaubens nicht
  haben.
Das Kreuz der Alten, die sich unter dem Gewicht der
  Jahre und der Einsamkeit dahinschleppen.
Das Kreuz der Migranten, die vor aus Angst ver-
  schlossenen Türen stehen und vor aus politischem
  Kalkül verschlossenen Herzen.
Das Kreuz der Kinder, die in ihrer Unschuld und
  Reinheit verletzt werden.
Das Kreuz der Menschheit, die im Dunkel der
  Ungewissheit und der Kultur des Augenblicks
  dahintappt.
Das Kreuz der Familien, gespalten von Betrug, der
  Verführung des Bösen oder der tödlichen Leichtfer-
  tigkeit und Selbstsucht.
Das Kreuz der Geweihten, die unermüdlich versuchen,
  dein Licht in die Welt zu tragen, und sich abgelehnt,
  verlacht und verspottet fühlen.

Das Kreuz deiner Kinder, die aufgrund ihres
   Glaubens an dich und ihres Lebens nach
   deinen Geboten ausgegrenzt und selbst von
   Familienmitgliedern oder Gleichaltrigen
   abgelehnt werden.
Das Kreuz unserer Schwächen, unserer Heuchelei,
   unserer Treuebrüche und unserer zahllosen nicht
   gehaltenen Versprechen.
Das Kreuz deiner Kirche, die, deinem Evangelium
   treu, sich selbst bei Getauften mühen muss, deine
   Liebe zu verbreiten.
Das Kreuz deiner Kirche, deiner Braut, die im
   Inneren und im Äußeren ständigen Angriffen
   ausgesetzt ist.
Das Kreuz unseres gemeinsamen Heims, das unter
   unseren egozentrischen Blicken verfällt, die von
   Macht und Gier verblendet sind.
Herr Jesus, lass in uns die Hoffnung auf die
   Auferstehung aufleben und auf deinen endgültigen
   Sieg über alles Böse und den Tod.
Amen!

Dank

Danke, Herr, dass du heute bei uns bist.
Danke, Herr, dass du unser Leiden teilst.
Danke, Herr, dass du uns Hoffnung gibst.
Danke, Herr, für deine große Barmherzigkeit.

Danke, Herr, weil du sein wolltest wie wir.

Danke, Herr, weil du uns immer nahe bist, auch in
den Augenblicken des Kreuzes.

Danke, Herr, weil du uns Hoffnung gibst.

Herr, möge man uns die Hoffnung niemals rauben
können!

Danke, Herr, weil du in den finstersten Momenten
deines Lebens, am Kreuz, an uns gedacht und uns
eine Mutter geschenkt hast.

Danke, Herr, dass du uns nicht als Waisenkinder
zurückgelassen hast.

Gebet für die Erde

Allmächtiger Gott,
der du im ganzen Universum gegenwärtig bist
und im kleinsten deiner Geschöpfe.
Du umschließt mit deiner Zärtlichkeit
alles, was existiert:
Flöße uns ein die Kraft deiner Liebe,
damit wir uns um das Leben
und die Schönheit kümmern können.
Überflute uns mit Frieden,
damit wir wie Brüder und Schwestern leben,
ohne irgendjemandem zu schaden.
O Gott der Armen,
hilf uns, die Verlassenen
und Vergessenen dieser Erde,

die in deinen Augen einen so hohen Wert haben,
  freizukaufen.
Heile unser Leben,
damit wir die Welt beschützen können und sie nicht
  ausplündern,
damit wir Schönheit säen
und nicht Verschmutzung und Zerstörung.
Berühre die Herzen
all jener, die nur nach ihrem Vorteil streben
auf Kosten der Armen und der Erde.
Lehre uns, den Wert jedes Dinges zu sehen,
es voller Staunen zu betrachten,
damit wir am Ende erkennen,
dass wir alle verbunden sind,
alle Geschöpfe,
auf unserem Weg zum grenzenlosen Licht.
Danke, dass du jeden Tag bei uns bist.
Stärke uns bitte in unserem Kampf
für Gerechtigkeit, Liebe und Frieden.

Christliches Gebet für die Schöpfung

Wir preisen dich, Vater, mit all deinen Geschöpfen,
die aus deiner mächtigen Hand hervorgegangen sind.
Sie sind dein, sind erfüllt von deiner Gegenwart und
  deiner Zärtlichkeit.
Gelobt seist du!
Sohn Gottes, Jesus,

durch dich wurde alles erschaffen.
Du hast Gestalt angenommen
im mütterlichen Schoß Marias,
du wurdest ein Teil dieser Erde
und hast die Welt mit menschlichen Augen gesehen.
Heute lebst du in jedem Geschöpf
mit der Herrlichkeit des Auferstandenen.
Gelobt seist du!
Heiliger Geist, der du mit deinem Licht
diese Welt auf die Liebe des Vaters zulenkst
und das Seufzen der Schöpfung begleitest.
Auch du lebst in unseren Herzen,
um uns zum Guten zu führen.
Gelobt seist du!
Herr und Gott, eins in der Dreifaltigkeit,
kostbare Gemeinschaft grenzenloser Liebe,
lehre uns, dich zu betrachten
in der Schönheit des Universums,
in der alles von dir spricht.
Erwecke unser Lob und unsere Dankbarkeit
für jedes Wesen, das du geschaffen hast.
Schenke uns die Gnade, uns innig vereint zu fühlen
mit allem, was existiert.
Gott der Liebe, zeige uns unseren Platz in dieser Welt
als Werkzeug deiner Zuneigung
zu allen Wesen dieser Erde,
denn nicht eines von ihnen wird von dir vergessen.
Erleuchte die Herren der Macht und des Geldes,

damit sie nicht in die Sünde der Gleichgültigkeit
  verfallen,
sondern das Wohl für alle lieben, die Schwachen
  fördern,
und die Welt schützen, in der wir leben.
Die Armen und die Erde rufen:
Herr, nimm uns mit deiner Macht und deinem Licht,
um jedes Leben zu schützen,
eine bessere Zukunft zu bereiten,
bis dein Reich komme,
das Reich der Gerechtigkeit, des Friedens, der Liebe
  und der Schönheit.
Gelobst seist du!
Amen.

Gebet um die Gnade der Aufmerksamkeit gegenüber dem Ruf der Armen

Gott, Vater der Barmherzigkeit und alles Guten,
wir danken dir für die Gabe des Lebens
und das Charisma der heiligen Mutter Teresa.
In deiner grenzenlosen Vorsehung hast du sie gerufen,
um unter den Armen Indiens und der Welt
Zeugnis abzulegen von deiner Liebe.
Sie hat den Notleidendsten Gutes getan,
denn sie hat in jedem Mann und jeder Frau
das Antlitz deines Sohnes erkannt.
Folgsam hörte sie auf deinen Geist

und wurde zur betenden Stimme der Armen
und all jener,
die hungern und dürsten nach Gerechtigkeit.
Sie hörte den Schrei Jesu am Kreuz:
»Mich dürstet.«
Und so hat sie den Durst
Jesu am Kreuz gestillt
mit den Werken der barmherzigen Liebe.
Wir bitten dich, heilige Mutter Teresa,
Mutter der Armen,
um deine Fürbitte und deine Hilfe,
hier, in der Stadt deiner Geburt,
wo du zu Hause warst.
Hier hast du die Gabe der neuen Geburt erlangt
in den Sakramenten der Initiation Christi.
Hier hast du die ersten Worte des Glaubens
    vernommen
in deiner Familie und der Gemeinschaft der
    Gläubigen.
Hier hast du begonnen,
die Menschen in Not zu sehen und zu erkennen,
die Armen und Kleinen.
Hier hast du von deinen Eltern gelernt,
die Bedürftigsten zu lieben und ihnen zu helfen.
Hier, in der Stille der Kirche,
hast du den Ruf Jesu vernommen, ihm nachzufolgen
    als Ordensschwester in der Mission,
von hier beten wir zu dir:

Verwende dich für uns bei Jesus,
damit wir die Gnade erlangen,
aufmerksam zu sein gegenüber dem Ruf der Armen,
der Menschen, die ihrer Rechte beraubt werden,
der Kranken, der Ausgegrenzten, der Geringsten.
Möge er uns die Gnade erweisen,
ihn in den Augen jener zu sehen,
die uns ansehen, weil sie uns brauchen.
Schenk uns ein Herz, das Gott zu lieben weiß
in jedem Mann und jeder Frau,
und das ihn in jenen erkennt,
die von Leiden und Ungerechtigkeit geprägt sind.
Möge er uns die Gnade erweisen, dass auch wir zum
  Zeichen der Liebe und der Hoffnung unserer Zeit
  werden,
die so viele Bedürftige, Einsame, Ausgegrenzte und
  Flüchtlinge kennt.
Möge er geben, dass unsere Liebe nicht nur aus
  Worten besteht,
sondern wirksam und wahr ist,
damit wir ein glaubhaftes Zeugnis für die Kirche
  ablegen,
die die Pflicht hat,
den Armen das Evangelium zu verkünden,
die Befreiung den Gefangenen, die Freude den
  Leidenden,
die Gnade des Heils für alle.
Heilige Mutter Teresa,

bitte für diese Stadt, für dieses Volk, für seine Kirche
und für alle, die Christus als Jünger des Guten Hirten folgen wollen,
und Werke der Gerechtigkeit, der Liebe, der Barmherzigkeit, des Friedens und des Dienens tun.
Wie er, der gekommen ist, nicht um sich dienen zu lassen, sondern um zu dienen und das Leben hinzugeben für die vielen:
Christus, unser Herr.
Amen.

Dein Schrei, Herr

»Mein Gott, mein Gott, warum hast du mich verlassen?« (MT 27,47)
Dein Schrei, Herr, verstummt nicht und klingt weiter
in diesen Mauern, die an das Leiden der vielen Menschen dieses Volkes erinnern.
Litauer und Menschen aus anderen Nationen, die am
eigenen Leib den Allmachtswahn jener erlitten haben,
die sich anmaßen, alles kontrollieren zu können.
In deinem Schrei, Herr, hallt wieder der Schrei der
Unschuldigen, der sich deiner Stimme anschließt und
zum Himmel schreit.
Heute ist der Karfreitag des Schmerzes und der
Bitterkeit, der Verzweiflung und der Ohnmacht,
der Grausamkeit und Sinnlosigkeit (die das litaui-
sche Volk erlebt hat) angesichts des ungezügelten

Machtanspruchs, der das Herz verhärtet und blind macht.

An diesem Ort des Gedenkens bitten wir dich, Herr, dass dein Schrei uns hellwach macht.

Dass dein Schrei, Herr, uns von der spirituellen Krankheit erlöst, von der wir als Volk ständig versucht sind:

Unsere Väter zu vergessen und all das, was erlebt und erlitten wurde.

Dass dein Schrei und das Leben unserer Väter, die so sehr gelitten haben, uns den Mut finden lässt, entschieden für Vergangenheit und Zukunft einzutreten.

Dass dein Schrei uns Anstoß sein möge, uns nie auf die Moden des Augenblicks einzulassen, auf die vereinfachenden Parolen und alle anderen Versuche, den Menschen die Würde zu nehmen, mit der du sie ausgestattet hast.

Möge unser Land, Herr, zum Leuchtfeuer der Hoffnung werden.

Möge es zum Land der aktiven Erinnerung werden, die unser Engagement gegen Ungerechtigkeit stärkt.

Möge es kreative Ansätze finden, um die Rechte aller Menschen zu verteidigen, vor allem die der Schwächsten und Schutzlosesten.

Möge es zur Lehrmeisterin der Versöhnung werden, in der alle Unterschiede aufgehen.

Herr, lass nicht zu, dass wir taub sind für den Schrei
aller Menschen, die auch heute noch zum Himmel
schreien.

Gebet um Humor von Thomas Morus

Schenke mir eine gute Verdauung, Herr, und etwas zu
    verdauen.
Schenke mir die Gesundheit des Körpers,
und den nötigen Humor, um sie zu erhalten.
Schenke mir, Herr, eine gesunde Seele,
die es versteht, das Gute und Reine zu bewahren,
damit sie angesichts des Bösen nicht erschrickt,
sondern einen Weg findet, alles in Ordnung zu
    bringen.
Schenke mir eine Seele, die keine Langeweile kennt,
    kein Murren und kein Seufzen und Klagen.
Lass nicht zu, dass ich mich übermäßig sorge um jenes
    quengelige Ding, das sich »Ich« nennt.
Schenke mir, Herr, den Sinn für Humor.
Schenke mir die Gnade, einen Scherz zu verstehen,
    damit ich im Leben ein wenig Glück erfahre und
    dieses auch den anderen vermitteln kann.
Amen.

Anhang

Das Lächeln im Sturm

Interview mit Seiner Heiligkeit, Papst Franziskus, von Gian Marco Chiocci

Eine schwache Stimme, begleitet von einem Lächeln. »Guten Tag, willkommen …« So empfängt mich der Heilige Vater in seinen Räumen im Vatikan. Dort hat er sich bereit erklärt, die Fragen zu beantworten, die die ganze Kirche erschüttern, den Kardinälen Sorgen bereiten, die Gläubigen beängstigen und die Insider spalten, die ihn entweder loben oder kritisieren, je nachdem aus welcher Pfarrgemeinde sie stammen.

Einem Papst zu begegnen, ist nicht alltäglich. Es löst seltene, tiefe und starke Gefühle aus, auch wenn der Hausherr alles tut, um dem Gast die Nervosität zu nehmen und – was eigentlich paradox ist – mit ihm auf Augenhöhe zu sprechen. Mit ihm in diesem karg möblierten Raum zu sprechen, zwei Stühle, ein Tisch und ein Kruzifix, während draußen die Angst vor der Pandemie wütet, verstärkt den Wunsch nach Hoffnung und Glauben angesichts des Unbekannten. Einem Glauben, der bei einigen Menschen schwindet angesichts der Skandale, der Verschwendung, der bahnbrechenden Veränderungen durch den Papst und nicht zuletzt auch infolge des Virus. Auf diese Dinge wird der Papst im Interview eingehen.

Die Gelegenheit ist günstig, um einen Schlussstrich zu ziehen unter eine jahrzehntealte moralische Frage, die sich hier hinter den vatikanischen Mauern stellt, eine Frage, die der Papst selbst, ohne zu zögern, als »uraltes Übel« bezeichnet, »das sich seit Jahrhunderten fortsetzt und wandelt«. Jeder seiner Vorgänger hat, einmal mehr, einmal weniger, versucht, es mit den verschiedensten Mitteln und mit den Menschen, auf die er in jenem Moment zählen konnte, zu bezwingen. »Leider ist die Korruption ein zyklisches Phänomen. Sie wiederholt sich. Dann kommt jemand, der aufräumt und alles in Ordnung bringt, aber dann geht es wieder von vorne los, bis ein anderer kommt, der dem Verfall ein Ende setzt.«

Gewiss hat es im jahrtausendealten Leben der Kirche keinen Papst gegeben, der so mutig war und wagte, die mächtige römische Kurie gegen sich aufzubringen und mit ihr die Geschäftswelt, die um sie herumscharwenzelt: Franziskus ist entschlossen, reinen Tisch zu machen mit den Kirchenmännern, die das Geld (»Die

Kirchenväter bezeichneten es als Exkrement des Teufels, das galt übrigens auch für den heiligen Franziskus«,
sagt er.) höher schätzen als das Kreuz.

Im Einklang mit seinen franziskanischen Grund-
sätzen tut der Stellvertreter Christi auf Erden, was vor
ihm noch niemand für die Kirche getan hat, damit sie
tatsächlich ein Haus aus Glas wird, vollkommen trans-
parent wie es die frühe Kirche war und gewidmet den
Geringsten, dem Volk. In einer Kirche für die Armen,
die aber missionarischer vorgeht – und das ist das
Credo von Papst Franziskus –, ist kein Platz für jene,
die sich oder ihren magischen Zirkel bereichern. Sie tragen den Talar zu Unrecht.

»Die Kirche ist und bleibt stark, aber das Thema
›Korruption‹ reicht tief und verliert sich in den frühe-
ren Jahrhunderten. Zu Beginn meines Pontifikates habe
ich Benedikt aufgesucht. Bei der Übergabe der Amtsge-
schäfte reichte er mir einen großen Karton: ›Da drin ist
alles‹, sagte er. ›Das sind die Akten zu den schwierigsten Fällen. Hier bin ich so weit gekommen. In dieser
Situation bin ich eingeschritten. Diese Personen habe
ich fortgeschickt und nun … ist die Reihe an dir.‹ Ich
habe also nichts anderes getan, als die Aussagen von
Papst Benedikt entgegenzunehmen und sein Werk fort-
zusetzen.« Ja, Benedikt XVI. Dabei sieht die traditio-
nalistische Lesart den emeritierten Papst in ständigem
Kampf mit dem aktuellen und umgekehrt: Zwistigkei-
ten, Unstimmigkeiten, Sticheleien, Meinungsverschie-

denheiten über alles und jeden, geheime Umtriebe und Klatsch.

Steckt da ein Körnchen Wahrheit drin? Der Heilige Vater hält einige Sekunden inne, dann lächelt er: »Benedikt ist für mich ein Vater und ein Bruder, wenn ich ihm schreibe, unterzeichne ich ›kindlich und brüderlich‹. Ich besuche ihn häufig dort.« (Wobei der Papst mit dem Finger auf das Kloster Mater Ecclesiae zeigt, das gleich hinter dem Petersdom liegt. A. d. A.) »Wenn ich ihn in jüngster Zeit etwas weniger sehe, dann liegt das daran, dass ich ihn nicht ermüden möchte. Die Beziehung zwischen uns ist wirklich gut, sehr gut. Wir sind uns völlig einig, was es für uns zu tun gilt. Benedikt ist ein guter Mensch, und die Heiligkeit in Person. Es gibt keine Probleme zwischen uns. Aber natürlich kann jeder denken und sagen, was er will. Man stelle sich nur mal vor: Jemand hat die Geschichte in die Welt gesetzt, ich und Benedikt hätten darüber gestritten, welches Grab mir zusteht und welches ihm.«

Der Heilige Vater nimmt den Faden wieder auf und denkt zurück an die Zeit, als er an der Schwelle des Pontifikats ankam, und an das, was er damals über das materielle Übel in der Kirche dachte. Und das war nichts im Vergleich zu dem, was er tatsächlich vorfinden sollte, als er Hand anlegte an die intransparente Handhabung der Vatikanfinanzen, an den Umgang mit dem Peterspfennig, an den Leichtsinn verschiedener

Auslandsinvestitionen und den wenig barmherzigen Aktivismus einiger Seelenhirten, die sich zu Renditejägern entwickelt hatten.

Bergoglio zitiert den Heiligen Ambrosius, Bischof, Theologe und Heiliger, um seine Linie deutlich zu machen: »Die Kirche war immer die *casta meretrix,* eine Sünderin. Besser gesagt, in Teilen. Denn für den größten Teil gilt gerade das Gegenteil, weil diese Menschen den richtigen Weg beschreiten. Doch man kann nicht leugnen, dass verschiedene Persönlichkeiten, Kirchenmänner ebenso wie scheinbare Laien-Kirchenfreunde, dazu beigetragen haben, das bewegliche und unbewegliche Vermögen nicht des Vatikans, sondern der Gläubigen zu verschwenden. Da fällt mir das Evangelium ein, als der Herr uns vor die Wahl stellte: Entweder du folgst Gott oder dem Geld. Das hat Jesus gesagt, beides geht nicht.«

Vom Heiligen Ambrosius kommt der Papst auf seine Oma, die ihm stets gute Ratschläge gab: »Natürlich war sie keine Theologin. Aber sie sagte uns Kindern immer, dass der Teufel durch die Taschen eintritt. Und sie hatte recht.« Wie auch die alte Frau recht hatte, die er in einem der Elendsviertel von Buenos Aires traf, am Tag, als Johannes Paul II. starb. »Ich war mit dem Autobus unterwegs«, erinnert sich Franziskus. »Ich war auf dem Weg in eine der Favelas, als mich die Nachricht erreichte, die um die ganze Welt ging. Während der Messe bat ich die Gläubigen, für den verstorbenen

Papst zu beten. Nachdem das Hochamt abgeschlossen war, kam eine ganz arme Frau auf mich zu und fragte mich, wie denn der neue Papst gewählt würde. Ich erzählte ihr vom weißen Rauch, von den Kardinälen und dem Konklave. Da unterbrach sie mich und sagte: ›Hör mal, Bergoglio, wenn du Papst wirst, musst du dir sofort einen kleinen Hund zulegen.‹ Ich antwortete, dass das wohl kaum je der Fall sein würde, und wenn ja, warum sollte ich dann wohl einen Hund zu mir nehmen? ... ›Nun, immer wenn du etwas isst‹, antwortete sie, ›gibst du vorher dem Hund einen Bissen. Wenn es ihm danach gut geht, kannst auch du essen.‹«

Das also denken die Menschen über den Vatikan? Dass die Situation außer Kontrolle ist, dass jetzt alles passieren kann? »Das war ganz offensichtlich eine Übertreibung«, meint der Papst kurz angebunden. »Aber es zeigt sehr schön, was das Gottesvolk, die Ärmsten der Armen, über das Haus des Herrn dachte, das von tiefen Wunden, inneren Kämpfen und Veruntreuungen zerrissen war.«

Der öffentliche und bedingungslose Kampf gegen die Machenschaften im Vatikan zu jener Zeit zeigt einen Papst, der sehr konkret, entschieden, entschlossen ist. Einen einsamen Helden, von den Menschen geliebt, aber von einem unsichtbaren Feind bekämpft. Einen Papst, der in den Palästen des kleinen Staates allein zu sein scheint, in Wirklichkeit aber nicht allein ist, weil an seiner Seite fast sämtliche Gläubigen stehen. Franziskus zieht die Augenbrauen hoch und breitet langsam die

Arme aus, während er den Blick seines Gesprächspartners sucht. Endlose Sekunden verrinnen.

»Es ist, wie der Herr es will. Ob ich allein bin? Ich habe darüber nachgedacht. Und ich bin zu dem Schluss gelangt, dass es zwei Arten von Einsamkeit gibt: Man kann sagen, ich fühle mich einsam, weil die Menschen, die zusammenarbeiten müssten, das nicht tun; weil diejenigen, die sich für den Mitmenschen die Hände schmutzig machen sollten, das nicht tun; weil sie meiner Linie nicht folgen oder so ähnlich. Das ist eine, sagen wir mal ... funktionelle Einsamkeit. Und dann ist da die substanzielle Einsamkeit, die ich nicht kenne, weil ich unglaublich viele Menschen getroffen habe, die für mich Risiken eingehen, die sogar ihr Leben riskieren, die voller Überzeugung kämpfen, weil sie wissen, dass wir im Recht sind und dass der Weg, den wir einschlagen, vielleicht über viele Hindernisse und Widerstände führt, aber letztendlich doch der richtige ist. Es hat diese Fälle von Korruption, Verrat und Betrügereien gegeben, und sie verletzen jene Menschen, die an die Kirche glauben. Diese Menschen sind ganz sicher keine bloßen Betschwestern.«

Seine Heiligkeit gesteht, dass er nicht weiß, ob er diese Schlacht gewinnen wird. Aber mit liebevoller Entschlossenheit unterstreicht er eine seiner Gewissheiten: »Ich weiß, dass ich sie schlagen muss. Ich bin dazu berufen, diese Schlacht zu schlagen. Und am Ende wird der Herr darüber entscheiden, ob ich es gut oder schlecht gemacht habe. Offen gestanden bin ich nicht sehr optimistisch (Dabei lächelt er, A. d. A.), aber ich vertraue auf Gott und auf die Menschen, die Gott treu sind. Ich weiß noch, als ich einmal in Córdoba war, habe ich gebetet, die Beichte gehört, geschrieben. Eines Tages bin ich in die Bibliothek gegangen, um ein Buch zu suchen, und dabei ist mir eine sechs- oder siebenbändige Geschichte des Papsttums in die Hände gefallen. Auch unter meinen frühen Vorgängern gab es so manches nicht gerade erhebende Beispiel.«

Die Erzfeinde des Papstes finden offensichtlich Freude im Angriff auf Franziskus, indem man ständig darüber diskutiert, wer sein Nachfolger werden könnte. Man erwartet Befreiung und Auferstehung von einem Pontifikat, das man als zu spalterisch, politisch inkorrekt und ideologisch nur auf einer Seite stehend einschätzt.

Das »Papst-Lotto«, das von Flüsterparolen lebt, nimmt Bergoglio mit Ironie: »Auch ich frage mich, was nach mir sein wird. Ich bin der Erste, der sich darüber Gedanken macht. Vor Kurzem, nämlich heute, habe ich mich einigen Routineuntersuchungen unterzogen. Die Ärzte meinten, man könne das alle fünf Jahre machen oder einmal im Jahr, und in meinem Fall wollten sie fünf Jahre warten. Ich aber habe gesagt: ›Das machen wir jetzt jedes Jahr. Man weiß ja nie.‹« (Dieses Mal ist das Lächeln noch breiter, A. d. A.)

Papst Franziskus hört sich aufmerksam an, welche Kritikpunkte gegen ihn vorgebracht worden sind. Nicht einmal bei der Erwähnung von Kardinal Ruini wird er unduldsam. (»Den Papst zu kritisieren, heißt nicht, dass man gegen ihn ist.«) Im Geiste scheint er sich all das zu notieren, von den eingetragenen Lebenspartnerschaften bis hin zum Verhältnis zu China. Dann denkt er einige Sekunden lang darüber nach, um urplötzlich eine Antwort zu geben: »Ich würde die Unwahrheit sagen und Ihre Intelligenz beleidigen, wollte ich behaupten, dass Kritik einem nichts ausmacht. Das gefällt niemandem, schon gar nicht, wenn es sich eher um Ohrfeigen handelt, wenn es wehtut und wenn es aus Bosheit oder Hinterlist geschieht. Doch ebenso überzeugt bin ich davon, dass Kritik konstruktiv sein kann. Und dann nehme ich mich ihrer an, weil eine solche Kritik dazu beiträgt, dass ich mich und mein Gewissen prüfe, mich frage, ob ich falsch gehandelt habe, ob ich es hätte besser machen können. Der Papst hört sich jede Kritik an, dann setzt er sein Urteilsvermögen ein, um zu verstehen, was gut ist und was nicht. Das Urteilsvermögen ist meine Leitlinie, in allen Dingen. Und hier« – fährt der Papst fort – »ist das Wichtigste eine aufrichtige Kommunikation, um die Wahrheit zu sagen über das, was im Inneren der Kirche geschieht. Doch gerade wenn es so ist, dass ich in der Kritik Inspiration finden soll, um es besser zu machen, dann kann ich mich nicht von allen negativen Dingen beeindrucken lassen, die man über den Papst so schreibt.«

Ich habe kaum Gelegenheit, die nächste Frage vorzubringen, als der Heilige Vater die Antwort schon vorwegnimmt: »Ich glaube nicht, dass es auch nur einen Menschen gibt, der hier drin oder draußen dagegen ist, dass wir das wuchernde Gewächs der Korruption ausreißen. Es gibt keine speziellen Strategien. Der Plan ist beinahe banal einfach: Wir müssen einfach weitermachen und dürfen nicht aufhören. Wir müssen kleine, aber konkrete Schritte tun. Um zu den heutigen Resultaten zu gelangen, haben wir vor fünf Jahren angefangen mit einer Konferenz über die Reform der kirchlichen Justiz. Nach den ersten Nachforschungen habe ich einige Positionen abschaffen müssen und gegen Widerstände kämpfen. Dann haben wir mit den Finanzen weitergemacht. Wir haben neue Gipfeltreffen beim IOR (Istituto delle Opere di Religione, A. d. Ü.). Ich habe vieles verändern müssen, und vieles wird sich demnächst verändern.«

Vorbehaltlich der Unschuldsvermutung für alle, die im Fadenkreuz der Magistratur des Vatikans landen, ist für alle klar, wie viel Gutes Franziskus geleistet hat, während er am Abgrund der Unmoral wandelte, der sich in bestimmten Sektoren der Kirche auftat. Wir fragen uns – und ein wenig schüchtern stellen wir diese Frage auch dem Heiligen Vater: Hat der Papst je Angst? Die Antwort darauf erfolgt wohlüberlegt. Die Stille hält eine ganze Weile an, er scheint nach den richtigen Worten zu suchen. Zumindest scheint es so. »Aber warum sollte ich?«, gibt der Heilige Vater die Frage an uns zurück. »Ich fürchte kein Handeln gegen mich. Ich fürchte nichts. Ich agiere im Namen und im Auftrag unseres Herrn. Bin ich verantwortungslos? Müsste ich vorsichtiger sein? Ich weiß nicht, was ich darauf sagen soll. Mich lenken mein Instinkt und der Heilige Geist. Die Liebe meines wunderbaren Volkes, das Jesus nachfolgt, führt mich. Außerdem bete ich. Ich bete sehr viel. Wir alle müssen in dieser schwierigen Zeit beten für all das, was in der Welt geschieht.«

Das Coronavirus ist zurück, und es bringt mit sich Beunruhigung, Tote und Angst. Der Pontifex ergreift das Wort und lässt es sich nicht mehr nehmen. Und es scheint fast, als würde er uns an der Hand nehmen, auf eine Weise, wie man es vom irdischen Hirten der weltweiten Kirche niemals erwarten würde: »Dies sind Tage großer Unsicherheit. Ich bete viel. Ich bin all jenen, die leiden, unendlich nahe. Ich bin im Gebet bei jenen, die den gesundheitlich und anderweitig Leidenden helfen.« Und er erinnert uns an die großen Helden: »Die Heiligen von nebenan«, wie er sie zwei Wochen nach der globalen Begegnung am 27. März nannte, als er ganz allein auf dem Petersplatz im Regen das Gebet für ein Ende der Pandemie sprach, zu Füßen des Kruzifixes, das von den Tränen des Himmels nass war. Heiliger Vater, fragen wir, werden neue Lockdowns kommen? Man redet davon, die Heilige Messe weiter einzuschränken? Ist dies ein Risiko für die Kirche?

»Ich will mich nicht in politische Entscheidungen ein-
mischen, aber ich möchte Ihnen eine Geschichte erzählen, die ich schlimm fand. Ich habe von einem Bischof
gehört, der bestätigt hat, dass die Menschen sich den
Kirchgang ›abgewöhnt‹ haben. Genau das hat er gesagt.
Dass sie nicht mehr vor dem Kruzifix niederknien und
den Leib Christi empfangen würden. Ich aber sage:
Wenn diese ›Leute‹, wie der Bischof sie nennt, nur aus
Gewohnheit in die Kirche gegangen sind, dann ist es
besser, sie bleiben künftig zu Hause. Es ist der Heilige Geist, der die Menschen ruft. Vielleicht werden die
Gläubigen aufrichtiger, authentischer sein nach dieser
harten Prüfung, nach diesen neuen Schwierigkeiten,
nach dem Leiden, das in die Häuser kommt. Glauben
Sie mir, das wird so kommen.«

Vatikanstadt, 30. Oktober 2020

Quellen

Vorweg

Vorwort

Wandlung und Erwachen

Von der Schönheit träumen

Weil Gott die Freude ist

Fackeln im Dunkel: Ansprache, 30. Januar 2020

Wie stellen wir das an?: Videobotschaft an die Teilnehmer der Gebetsvigil
der Bewegung *Thy Kingdom come,* 31. Mai 2020

Bete für die Gabe der Hoffnung: Predigt, 6. November 2016

Das Lächeln, das von innen kommt: Generalaudienz, 7. Dezember 2016

Der Wert der Tränen: Ansprache, 18. Januar 2015

Stoßen wir die Pforten des Trostes weit auf: Predigt, 1. Oktober 2016

Gott tut immer den ersten Schritt: Angelus, 6. Januar 2014

In den Zeiten der Krankheit erkennen wir Gott »mit den Augen«:
Botschaft von Papst Franziskus zum Welttag der Kranken 2015

Die Hoffnung ist wie ein Helm: Generalaudienz, 1. Februar 2017

Warum ist Gott fröhlich?: Angelus, 15. September 2013

Die Angst ist ein schlechter Ratgeber: Im Gespräch mit Jugendlichen,
31. März 2014

Vom »Ich« zum »Ja«: Regina caeli, 26. April 2020

Der Heilige Geist wirkt Wunder: Predigt, 21. April 2020

Raus aus den engen Ecken: Angelus, 9. Februar 2020

Ohne dich die Nacht: Regina caeli, 26. April 2020

Christen ohne Ostern: Apostolisches Schreiben Evangelii Gaudium, 6

»Danke« ist ein wunderschönes Gebet: Generalaudienz, 20. Mai 2020

Die Kirche, Haus des Trostes: Predigt, 1. Oktober 2016

Lasst euch stets überraschen: Regina caeli, 8. Juni 2014

Lebenswichtige Elemente: Ansprache, 31. Januar 2020

Ein »Katalog« von Krankheiten: Ansprache zum Weihnachtsempfang für
die römische Kurie, 22. Dezember 2014

Seid keine hohlen Puppen: Im Gespräch mit jungen Menschen, Apostolische Reise nach Thailand und Japan, 25. November 2019

Die Freude, die aus der Barmherzigkeit kommt: Enzyklika Fratelli tutti,
277

Was uns von der Traurigkeit befreit

Ein Strudel von Gedanken: Generalaudienz, 10. Juni 2020. Zitat aus dem
Katechismus: Katechismus der katholischen Kirche, Oldenbourg 2019,
647

Die Wüste und die Samen des Guten: Ansprache, 15. August 2014

Was uns von der Traurigkeit befreit: Predigt, 5. Juli 2014

In unseren Kämpfen: Predigt, 25. März 2017

Ein ständiger Kampf: Apostolisches Schreiben Gaudete et exsultate, 158

Starke Wurzeln, um nicht davongeweht zu werden: Nachsynodales
Apostolisches Schreiben Christus vivit, 179

Kühn leben: Apostolisches Schreiben Gaudete et exsultate, 129

Menschen, die Berge versetzen: Angelus, 6. Oktober 2013

Sich niemals geschlagen geben!: Apostolisches Schreiben Evangelii
gaudium, 85

Ein Licht, das nie verlischt: Angelus, 6. Januar 2017

Wahrhaft frei sein: Ansprache, 5. Juli 2014

Der Mangel an Hoffnung: Videobotschaft an die Teilnehmer der Gebetsvigil der Bewegung *Thy Kingdom come*, 31. Mai 2020

In die Arme Gottes geworfen: Nachsynodales Apostolisches Schreiben
Christus vivit, 112-113

Stärke heißt, nicht den Mut zu verlieren: Generalaudienz, 14. Mai 2014

Wer Licht will, muss nach draußen gehen: Angelus, 6. Januar 2017

Die Steine aus dem Weg räumen: Angelus, 29. März 2020

Die Zeit des Mutes: Angelus, 23. Oktober 2016

Scham tut gut: Generalaudienz, 19. Februar 2014

Wer ein Risiko eingeht, verliert nicht: Apostolisches Schreiben Evangelii
gaudium, 3

Das Gebet ist die Saat des Lebens: Generalaudienz, 27. Mai 2020

Mit dem Herzen sehen können: Predigt, 29. März 2020

Keine Zeit zum Schlafen!: Generalaudienz, 24. April 2013

Herr der Gefühle: Im Gespräch mit Studenten, 20. Dezember 2019

Die Kirche braucht ...: Predigt, 22. Februar 2014

Das Lob der Unruhe: Nachsynodales Apostolisches Schreiben Chris-
tus vivit, 138. Zitat von Paul VI.: Paul VI., Predigt bei der heiligen
Messe mit den Jugendlichen in Sydney (2. Dezember 1970). Zitat von
Augustinus: Bekenntnisse, I,1.5; München 2010, 31

Die Freude hat das letzte Wort

Freut euch!: Apostolisches Schreiben Gaudete et exsultate, 1

Kontemplation über Jesus voller Freude!: Nachsynodales Apostolisches
Schreiben Christus vivit, 126-128

Heiliger Vater, sind Sie glücklich?: Im Gespräch mit jungen Menschen,
31. März 2014

Was das Herz erfüllt: Apostolisches Schreiben Evangelii gaudium, 1

Armut und Glück, das ist möglich: Botschaft zum Weltjugendtag 2014

Die unerforschlichen Wege Gottes: Generalaudienz, 29. Januar 2020

Sind wir fähig, das Essenzielle zu genießen?: Angelus, 29. Januar 2017

Böse Geister (und der gute Geist eines Blinden): Predigt, 24. März 2020

Wer lehrt uns zu weinen und zu lächeln?: Generalaudienz, 18. März 2015

Wenn du gute Fragen stellst, wirst du Antworten finden

Zwei Reichtümer, die nicht vergehen: Predigt, 13. November 2016
Das Heil einer neuen Zeit: Brief an die Priester der Diözese Rom, 31. Mai 2020
Ein Leben im Licht: Angelus, 6. November 2016
Warte auf die Zukunft, lebe in der Gegenwart: Nachsynodales Apostolisches Schreiben Christus vivit, 148

Die Hoffnung sein

Alles steht in Beziehung: Enzyklika Laudato si', 92. Zitat zur Menschenwürde: Katechismus 2418, Oldenbourg 2019, 609. Zitat zur Verbindung von Frieden, Gerechtigkeit und der Bewahrung der Schöpfung: Konferenz des Dominikanischen Episkopats, Carta pastoral sobre la relación del hombre con la naturaleza (21. Januar 1987). Schlusszitat: Hl. Franziskus, Bruder Sonne, Schwester Mond
Wie sollen wir nicht zusammenarbeiten?: Querida Amazonia, 109
Unser gemeinsames Haus erbauen: Enzyklika Laudato si', 12-13
Werdet zur Hoffnung: Generalaudienz, 4. September 2013
Die Leidenden, Boten des Lichts: Enzyklika Lumen fidei, 57
Werden wir bessere Menschen werden?: Videobotschaft an die Teilnehmer der von CHARIS organisierten Gebetsvigil, 30. Mai 2020
Nur die Liebe löscht den Hass aus: Predigt, 20 Oktober 2020. Zitat Benedikt XVI.: Benedikt XVI., Worte am Ende des Kreuzwegs, 21. März 2008
Macht euch auf den Weg!: Botschaft zum Weltgebetstag für geistliche Berufe 2015
Sich immer für den Horizont entscheiden: Predigt, 13. April 2020
Ein Feuer, das sich erneuert: Nachsynodales Apostolisches Schreiben Christus vivit, 160
Scheitern und Erkenntnisse in der Familie: Botschaft zur Fastenzeit 2014
Der nicht ganz einfache Prozess des Miteinanders: Ansprache, 23. Februar 2020
Die Liebe ist stärker als der Verfall: Enzyklika Laudato si', 149
Alles ist im Wandel: Angelus, 11. Dezember 2016
Gott heilt unsere »Erinnerungen«: Predigt, 14. Juni 2020
Weniger ist mehr, Enzyklika Laudato si', 222
Gemeinsam kommen wir weiter: Videobotschaft an die Teilnehmer der Gebetsvigil der Bewegung *Thy Kingdom come,* 31. Mai 2020
Gerechtigkeit und andere Tugenden: Ansprache, 15. Februar 2020
Was die Welt ignoriert: Apostolisches Schreiben Gaudete et exsultate, 75-76

Wie man ein Lächeln schenkt

- *Die Hoffnung verwandelt die Wüste in einen Garten:* Generalaudienz, 7. Dezember 2016
- *Der Weg des wahren Glücks:* Botschaft zum Weltjugendtag 2014

Meine Gebete

Hilf, o Mutter, unserem Glauben: Am Ende der Enzyklika Lumen fidei

Heil der Kranken: Gebet des Heiligen Vaters zum Gebets- und Fastentag, 11. März 2020

Mutter des Lebens: Am Ende des Apostolischen Schreibens Querida Amazonia

Gemeinsames Gebet für die Erde und die Menschheit: Gebet zum 5. Jahrestag der Enzyklika Laudato si'

Die Scham, die Reue und die Hoffnung: Gebet am Ende des Kreuzwegs 2018

Die Kreuze der Welt: Gebet am Ende des Kreuzwegs 2019

Dank: Gebet während der Heiligen Messe auf der Apostolischen Reise des Papstes nach Sri Lanka und auf die Philippinen, 17. Januar 2015

Gebet für unsere Erde und christliches Gebet für die Schöpfung: am Ende der Enzyklika Laudato si'

Gebet um die Gnade der Aufmerksamkeit gegenüber dem Ruf der Armen: beim Besuch des Mutter-Teresa-Gedenkhauses in Skopje, 7. Mai 2019

Dein Schrei, Herr: Gebet im Museum für Genozid-Opfer in Vilnius, 23. September 2018

Gebet um Humor von Thomas Morus: Papst Franziskus spricht dieses Gebet, das man Thomas Morus zuschreibt, schon seit mehr als vierzig Jahren: »Ich bete es jeden Tag. Es tut mir gut … Denn der christliche Sinn für die Freude verträgt sich gut mit diesem Sinn für Humor, der für mich die menschliche Haltung ist, die der Gnade Gottes am nächsten kommt … Wir dürfen diesen frohgemuten Geist nicht verlieren, voller Humor und Selbstironie, der uns auch in schwierigen Situationen zu liebenswerten Menschen macht. Eine ordentliche Dosis gesunden Humors ist gut für uns!«

Anhang

Das Lächeln im Sturm: Interview mit Papst Franziskus von Gian Marco Chiocci, 30. Oktober 2020

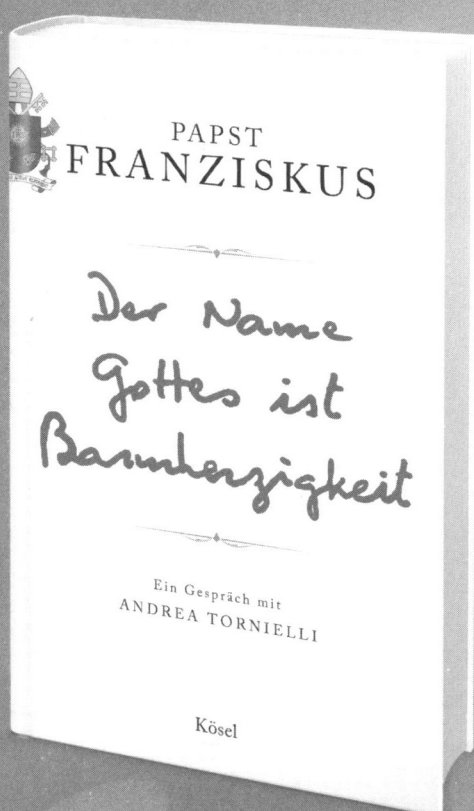